Lacan chinês

Para além das
estruturas e dos nós

Cleyton Andrade

Lacan chinês

Para além das estruturas e dos nós

3ª edição revista e ampliada
1ª reimpressão

autêntica

COLEÇÃO
**Psicanálise
no Século XXI**

SÉRIE
**Crítica
e Clínica**

EDITOR DA COLEÇÃO PSICANÁLISE NO SÉCULO XXI
Gilson Iannini

COORDENADOR DA SÉRIE CRÍTICA E CLÍNICA
Christian Dunker

EDITORAS RESPONSÁVEIS
Rejane Dias
Cecília Martins

PROJETO GRÁFICO
Diogo Droschi

CAPA
Alberto Bittencourt

REVISÃO
Marina Guedes

DIAGRAMAÇÃO
Christiane Morais de Oliveira

Dados Internacionais de Catalogação na Publicação (CIP)
(Câmara Brasileira do Livro, SP, Brasil)

Andrade, Cleyton
    Lacan chinês : para além das estruturas e dos nós / Cleyton Andrade. -- 3. ed. rev. amp. ; 1. reimp.. -- Belo Horizonte : Autêntica, 2024. -- (Psicanálise no Século XXI ; 4)

    Bibliografia.
    ISBN 978-65-5928-260-9

    1. Cultura chinesa 2. Estudos chineses (Sinologia) 3. Lacan, Jacques, 1901-1981 - Crítica e interpretação 4. Lacan, Jacques, 1901-1981 - Psicologia 5. Língua chinesa - Lexicografia 6. Psicologia I. Título. II. Série.

23-145400

CDD-150.195

Índice para catálogo sistemático:

1. Lacan, Jacques : Técnica psicanalítica : Psicologia 150.195

Aline Graziele Benitez - Bibliotecária - CRB-1/3129

 GRUPO **AUTÊNTICA**

Belo Horizonte
Rua Carlos Turner, 420
Silveira . 31140-520
Belo Horizonte . MG
Tel.: (55 31) 3465 4500

São Paulo
Av. Paulista, 2.073, Conjunto Nacional
Horsa I . Sala 309 . Bela Vista
01311-940 . São Paulo . SP
Tel.: (55 11) 3034 4468

www.grupoautentica.com.br
SAC: atendimentoleitor@grupoautentica.com.br

A coleção Psicanálise no Século XXI

A coleção Psicanálise no Século XXI quer mostrar que a psicaná lise pode se renovar a partir de perguntas que a contemporaneidade nos coloca, assim como sustentar a fecundidade da clínica e da teoria psicanalítica para pensar o tempo presente.

A série Crítica e Clínica

Conhecida e atacada pela sua longevidade, a psicanálise tem se mostrado, além de método clínico e uma teoria do tratamento, um dispositivo crítico. No universo anglo-saxônico, esse papel crítico fica evidente pela associação com as teorias antirracialistas, pós-marxistas e feministas, mas também pela sua aproximação com teorias do cinema, da crítica literária e da filosofia. No Brasil, conhecido pela disseminação da psicanálise como prática psicoterapêutica tanto no âmbito privado quanto em sua inserção institucional nas redes assistenciais e na saúde pública, a relação entre crítica da cultura e clínica do sofrimento encontra agora uma sistematização editorial. Este é o objetivo e a proposta da série Crítica e Clínica: mostrar que a crítica social pode se reverter em renovação e aperfeiçoamento de procedimentos clínicos. Isso significa combinar produção conceitual e reflexão psicopatológica com trabalhos de análise de transformações sociais, enfatizando o que podemos chamar de "políticas de sofrimento psíquico".

Formar uma nova política de saúde mental e dar voz e suporte narrativo para posições subalternizadas de gênero, classe e raça em nossa história é também uma forma de modificar, pela raiz, os processos de transmissão e pesquisa que vieram a caracterizar o estilo próprio e a ética da psicanálise. Nosso objetivo consiste em traduzir um montante significativo de produções da psicanálise crítica, combinando-o com a nascente produção brasileira orientada para a renovação da psicanálise. Pretendemos iluminar experiências alternativas e proposições inovadoras que se multiplicaram nos últimos anos, acolher esse movimento intelectual e organizar o debate que essas experiências e proposições suscitam ao operar transversalmente em relação às escolas de psicanálise e suas tradições. Uma nova forma de relação entre a produção universitária e o trabalho desenvolvido nas escolas de formação torna-se, assim, parte da desobstrução dos muros e condomínios que marcaram até aqui a distribuição iniquitativa dos recursos culturais e sociais no Brasil.

Gilson Iannini
Editor da coleção Psicanálise no Século XXI

Christian Dunker
Coordenador da série Crítica e Clínica

Para Keilah, minha verdade.

Agradecimentos

Este livro foi escrito por muitas mãos, vozes e pensamentos. Ideogramaticamente composto por poesias pensantes que se engavetavam entre si.

Agradeço *in memoriam* a Walter Evangelista, Jeferson Machado Pinto e Célio Garcia. A Walter por me mostrar um caminho possível de pesquisa. Obrigado Jeferson por colocar em palavras (o que é o mesmo que fazer existir) a metodologia desta pesquisa, que, mesmo sendo feita, ainda não tinha nome. E a Célio Garcia por ter dito, há anos, que havia uma "nova topologia" no *Lacan chinês*. Ele leu neste trabalho, antes de nós, o que está *além das estruturas e dos nós*.

A Antônio Teixeira, amigo e leitor timoneiro que acolheu o trabalho muito antes de ele ganhar forma, dando a ele um lugar. Ao amigo Gilson Iannini, interlocutor agudo e cirúrgico deste trabalho e de outros. A Christian Dunker, parceiro de muitas conversas lacanianamente orientalizadas. E a Fabian Fajnwaks, interlocutor mais recente e que topou ser chinês junto.

A todo o Grupo Autêntica que retoma o *Lacan chinês*, a quem agradeço em nome de Rejane Santos, Cecília Martins e Marina Guedes. Esta última, com sua revisão minuciosa me permitiu recuperar partes importantes da pesquisa. Foi uma satisfação retomar este trabalho e fazer parte do início da coleção Psicanálise no Século XXI.

Aos integrantes do ECLIPsi – Laboratório de Psicanálise, Clínica e Estudos Interculturais que coordeno na Universidade Federal de Alagoas. Esse laboratório é um dos efeitos do *Lacan chinês*.

Aos professores Lu Ying Cheng, Lu Yen Jen e Lu Yen Chen, que, de balbucios da *lalíngua,* extraíram lições de mandarim. Foram de uma ajuda imprescindível. Sem essa língua fascinante esse trabalho teria se comprometido. A Lu Yen Jen pelas inúmeras horas de estudo sobre a poesia chinesa. Ao senhor Lu Ying Cheng por continuar a me ensinar que mandarim é mais fácil que português (segundo ele) e pela aventura que é ler Confúcio no original, em chinês tradicional. Sr. Lu, Rafael e Alex, 谢谢.

Prefácio à terceira edição

Um livro é escrito e pensado por muitos. Este não é diferente. O que mudou foi minha constatação desse processo que implica diversos modos de coletividade. Desde a construção de uma ideia, de um argumento, até o retorno de comentários, críticas e diferentes leituras suscitadas por ele nos caminhos que tomou, a despeito e à revelia do autor formal. É justamente esse movimento coletivo que trouxe o *Lacan chinês* a uma terceira edição.

Lançado em 2015 por uma editora universitária do nordeste brasileiro, teve sua segunda edição ampliada em decorrência da premiação recebida em 2016. O livro esteve entre os vencedores do Prêmio Jabuti na categoria Psicologia, Psicanálise e Comportamento, tendo ficado com o primeiro lugar em meio a publicações de peso. Isso provavelmente gerou uma surpresa para muitos. Para mim foi uma surpresa com certeza. Não imaginava estar entre os finalistas, esperava menos ainda o primeiro lugar.

Essa premiação fez com que o livro tivesse uma circulação não calculada a princípio. E isso deu ao *Lacan chinês* a abertura para participar de diferentes prosas, como dizem os mineiros.

Chegavam a mim leitores que não estavam interessados apenas em conhecer um Lacan atravessado pela influência dos temas chineses. O livro foi se tornando um instrumento auxiliar na leitura de passagens do texto de Lacan, que muitas vezes se quer saber um pouco mais, embora essa curiosidade possa ser desproporcional ao investimento de iniciar uma empreitada. Num domingo à tarde, a ideia de iniciar uma atividade física na segunda-feira pode parecer empolgante, até que o dia amanheça e tomemos a decisão de nos entusiasmarmos novamente no próximo fim de semana. Muitas vezes encontramos passagens e referências interessantes que, no entanto, não temos fôlego ou empolgação para seguir as pistas deixadas pelo texto de referência. Felizmente alguns entusiastas se arvoram nessa trilha, o que nos facilita muito o trabalho. Pois bem, alguns leitores puderam encontrar nestas páginas, um apoio para a leitura do texto de Lacan em torno de uma língua, de uma escrita e de um pensamento que, até então, poderiam soar como muito distantes.

Outros leitores encontraram pistas que os estimularam a se deterem um pouco mais em algumas referências, e não mais passarem por elas com a mesma pressa de antes. Aquela pressa de quem acha que não está diante de algo que traga consequências importantes para a elaboração em curso.

Frequentemente o livro se mostrou como uma ajuda para trechos tortuosos da obra de Lacan, sobretudo em seminários como o 24 (*L'insu que sait de l'une-bévue s'aile à mourre*), o 7 (*A ética da psicanálise*), o 9 (*A identificação*), o 14 (*A lógica da fantasia*), o 18 (*De um discurso que não fosse semblante*), 19 (*...ou pior*), o 20 (*Mais, ainda*), ou em textos como *Lituraterra*, *A instância da letra no inconsciente ou a razão desde Freud*, dentre outros. Para debater conceitos e noções como interpretação, letra, escrita poética, escrita, traço unário, semblante, para ficar nos principais exemplos.

Contudo, fui surpreendido com pontos encontrados para debates que eu jamais imaginei. Mais de uma vez fui interrogado sobre as articulações que convidavam a pensar a clínica do autismo, por exemplo. Na primeira vez, pensei ter sido uma apropriação particular de uma pesquisadora dessa área, entretanto essa experiência se repetiu algumas vezes com pesquisadores e psicanalistas diferentes, envolvidos com essa clínica tão específica.

Um livro não avisa ao autor por onde ele anda. Mas nos confere a sorte e o privilégio de encontrar diferentes ares e sabores. Fora da psicanálise ele encontrou leitores da literatura, da filosofia, das artes, leitores interessados num certo orientalismo, encontrou estudantes de línguas orientais, atraiu curiosos com temas das assim chamadas "filosofias orientais" e até de praticantes de artes marciais. Essas experiências me mostraram que o *Lacan chinês* pode ser lido a partir do desejo do leitor, sem a preocupação de se ver como um estrangeiro. De certo modo, todos somos. Alguns diziam "eu lia e, quando chegava nos conceitos da psicanálise, eu passava mais rápido", enquanto alguns psicanalistas talvez dissessem que "quando eram partes da história da China, da construção dos ideogramas, dos aspectos da língua chinesa etc., eu passava mais rápido". E tiveram aqueles que, como mineiros, vindos de quaisquer estados, começavam a comer pelas bordas, deixando o melhor para o final. Cabendo a cada leitor descobrir qual é a borda e qual é o final.

Nesta terceira edição, termos como "nós ocidentais", tão facilmente usados, me soam hoje com alguma estranheza à luz de debates decoloniais e pós-coloniais. Preferi mantê-los e acrescentar esta observação ao leitor que puder ser mais complacente. Afinal a própria metodologia de pesquisa adotada no livro se vale, ela mesma, de um descentramento europeu. Seja por pensar um Lacan menos francês, menos europeu, seja para além da estrutura, ou para além de alguns outros temas tão caros às epistemologias europeias. O descentramento do livro já começa no título infamiliar. Não é sobre uma colonização lacaniana a uma episteme chinesa, mas sim sobre o descentramento próprio ao ato de pensar um Lacan com outras pautas e questões. Creio que pensar uma psicanálise latino-americana, uma psicanálise brasileira, não implica descafeinar ou *deslacanizar* Lacan, e, para isso, o *Lacan chinês* também pode fazer parte desse debate; se ele não deixa de ser lacaniano sendo chinês, pode ser que tenha pretensões de integrar reflexões que pensam numa psicanálise brasileira ou latino-americana que não deixe de ser nem psicanálise nem lacaniana.

Nesta edição que você tem em mãos, mantivemos as contribuições valiosas de amigos e colegas de trabalho, como aquelas de Gilson Iannini e Antônio Teixeira na primeira edição, assim como a de Christian Dunker no posfácio da segunda edição. Além dessas, agora acrescentamos as considerações de Fabian Fajnwaks.

Mesmo que o livro tenha mencionado rapidamente a afirmação de Lacan no Seminário 18 de que no mandarim não tem o verbo *ser*, sem ter adentrado nesse ponto, ele gerou debates e controvérsias. Em função disso, acrescentei alguns comentários a esse respeito num pós-escrito.

Como este livro também circulou nos espaços universitários, tanto em graduações quanto em programas de pós-graduação, optei por escrever algumas notas sobre o processo de trabalho da pesquisa. São considerações que abarcam a construção gradual de um percurso que se confunde com os cruzamentos de histórias de vida, corpos, bem como da clínica, sobretudo da adoção de uma metodologia. A tentativa foi abordar o modo como compreendo uma pesquisa em psicanálise. A areia da praia é o resultado de um longo processo de ação do tempo, do vento, das chuvas, do calor, do frio, da presença de animais e plantas, das marés, das correntezas, que provocam atritos, colisões e desgastes nas rochas e corais. Penso que é disso que trata uma pesquisa. É o resultado de movimentos de colisão, erosão, deslocamentos, produção de fissuras e fendas. Não tomei como meta o desenvolvimento de nenhuma metodologia inovadora, temos colegas que se dedicam com afinco para produzirem conhecimento nesta área. Esse outro pós-escrito foi apenas um breve registro dessa metodologia que se tornou mais clara durante sua execução.

Lacan chinês?

Gilson Iannini[1]

Em 28 de abril de 1911, o jornal *Gazeta da Tarde* publica, no Rio de Janeiro, um delicioso conto de Lima Barreto. Trata-se de "O homem que sabia javanês". Castelo era um malandro dado a explorar a credulidade alheia. De trambique em trambique ia levando a vida aos trancos e barrancos. Bacharel em direito, chegou mesmo a esconder sua formação para se fazer passar por feiticeiro e adivinho quando esteve em Manaus. Trata-se de um relato em primeira pessoa: entre um copo e outro de cerveja, Castelo conta a seu amigo Castro as peripécias que se sucederam num momento em que o narrador mal tinha condições de pagar seu aluguel. Em linhas muito breves, o que sucede é o seguinte. Ao ver um anúncio no jornal procurando um professor de javanês, Castelo decide se candidatar à vaga, mesmo sem saber javanês. Soube onde ficava Java na *Enciclopédia* consultada às pressas. Em poucos dias, decora o alfabeto, duas ou três

---

[1] Professor do Departamento de Psicologia da UFMG, ensinou no Departamento de Filosofia da UFOP por quase duas décadas. Doutor em Filosofia (USP) e mestre em Psicanálise (Universidade Paris 8). Autor de *Estilo e verdade em Jacques Lacan* (Autêntica, 2012) e organizador de *Caro Dr. Freud: respostas do século XXI a uma carta sobre homossexualidade* (Autêntica, 2019).

regras de gramática, umas vinte palavras do léxico e adorna tudo com as citações de poucas frases de alguns literatos javaneses. Com esse parco conhecimento, mas com muita pose, Castelo consegue o posto. Aos poucos, conquista a credibilidade de seu patrão. Também aos poucos, a fama do homem que sabia javanês cresce. Chega a ingressar na carreira diplomática, alcançando o posto de adido. Também publica artigo em jornal acerca da literatura javanesa e é convidado a participar de um congresso de linguística na Europa. Por essa sorte típica dos malandros, foi parar na seção de tupi-guarani, o que lhe resguardou de precisar expor seu desconhecimento da língua malaia. Castelo é a impostura em pessoa. Ele sabe ocupar com maestria o lugar do Outro do Outro, isto é, ele tampona o furo da linguagem sem deixar restos, fazendo emergir um certo regime de crença que o protege da fatídica consideração: para não confessar a própria ignorância, ninguém ousa questionar sua sapiência.

Quando me deparei com o trabalho de Cleyton Andrade me veio imediatamente a lembrança do conto de Lima Barreto. Como poderia eu, que não conheço quase nada mais oriental do que Viena, julgar se o que lia ali sobre o funcionamento da língua chinesa, sobre a escrita poética chinesa e sobre todo o seu complexo entorno não nos colocava na posição em que se encontravam os diversos interlocutores do homem que sabia javanês? Seria o autor uma espécie de "lacaniano que sabia chinês"? Diante do livro, parecia que o leitor estaria condenado necessariamente à desconfortável posição de ler sem dispor de nenhum critério exterior capaz de balizar seu julgamento. Como saber se uma determinada sequência de caracteres era realmente o verso de um poeta de tal dinastia ou se foi retirada do manual de instrução de um equipamento eletrônico *made in China*? Mas essa sensação de desconforto desaparece rapidamente à medida que a leitura avança. Justamente porque o assunto abordado não é externo à psicanálise. Estamos o tempo todo diante da matéria bruta da psicanálise: o sujeito diante das chicanas da língua. Num certo sentido, o livro nos coloca naquela relação de familiar estranheza que temos com a linguagem: somos todos estrangeiros, mas ao mesmo tempo sabemos muito bem do que se trata.

No senso comum, dizemos que a impostura consiste em não dizer a verdade, somente a verdade e nada além da verdade. Mas numa visão lacaniana, a impostura é o contrário disso. A verdadeira impostura consiste, ao contrário, em apresentar-se para suprir a falta do Outro, colocando sua própria enunciação como Outro do Outro, ou seja, o impostor é aquele que diz a verdade sobre a verdade. É por isso que há algo de "escabroso" na pretensão de dizer "o verdadeiro sobre o verdadeiro". Justamente porque, ao fazê-lo, o sujeito solda gozo e saber numa unidade indevassável e fecha o circuito da palavra, deixando lugar apenas para o culto reverencial. O tom assumido pelo autor no presente livro dá mostras suficientes de uma pesquisa rigorosa e original. Contudo, a todo instante, o leitor se sente instado a colocar algo de si. O que se segue é meu esforço de oferecer algo como o lugar de onde li esse livro de Cleyton Andrade.

A primeira coisa que salta aos olhos é que o autor demonstra ter realizado um mergulho não apenas acadêmico e erudito nesse universo para nós tão desconhecido, mas um mergulho vital: estudou a língua e a cultura. E estudou de maneira apaixonada. Além disso, sua pesquisa bibliográfica é abrangente e consistente. Soube reconstruir todos os passos que conduziram Lacan em seu interesse pela China e sua língua. Mas não cai na tentação de idealizar a China. Para um leitor assíduo de Lacan, este livro cumpre uma tarefa imprescindível: descompleta uma interpretação excessivamente devedora da linguística estrutural e submissa à lógica e ao doutrinal da ciência. Um Lacan excessivamente cartesiano.

Um Lacan excessivamente francês. Pois, se é certo que todas essas referências compõem o essencial do quadro de referências epistemológicas do pensamento de Lacan, há sempre aquilo que não se encaixa bem no esquema, aquilo que escapa e que desequilibra. Assim como há sempre o estrangeiro, o radicalmente Outro presente no nosso ser mais íntimo.

Impossível não lembrar aqui de uma passagem muito fecunda em que Gilles Deleuze mostra que, enquanto a linguística trata a língua como um sistema em equilíbrio, a literatura toma a linguagem como algo em desequilíbrio. Não é difícil perceber que para a psicanálise lacaniana a língua está longe de ser um sistema em equilíbrio. Ao contrário, a clínica nos coloca cotidianamente em contato com os desequilíbrios e instabilidades da língua. Ela nos mostra como isso afeta os sujeitos particulares. Não por acaso, as referências em Lacan que a todo momento servem para fazer balançar a língua são muitas: de Mallarmé a Joyce, passando pelo barroco, por Schreber, por Marguerite Duras e tantos outros. O que o presente livro nos mostra é um dos principais componentes dessa vertente. Uma vertente pouco explorada justamente por conta de nossa voluntária ignorância relativa a assuntos orientais.

Mas em que lugar se situa esse Lacan estrangeiro de si mesmo, esse Lacan chinês? Lacan conservou, ao mesmo tempo, a premissa relativa à necessidade de formalização científica e o trabalho com o que não se deixa formalizar cientificamente. Num belo texto sobre sua formação como filósofo, Badiou confessa a inspiração do que designou com o binômio matema/poema. Mais do que no ensinamento oral, a conjunção de diferentes estratégias de formalização do discurso surge na prosa escrita de Lacan:

> Lacan era para mim uma prosa; eu segui muito pouco os seminários. Era uma prosa teórica, um estilo que combinava, justamente na própria prosa, os recursos

do formalismo e os recursos de meu único mestre verdadeiro em matéria de poema, que era Mallarmé. Esta conjunção na prosa, esta possibilidade de conjunção, na prosa, do formalismo de um lado (o matema) e de outro a sinuosidade mallarmaica, convenceu-me de que podíamos, em matéria de teoria do sujeito, circular entre o poema e a formalização (BADIOU, 2004, vinheta n. 9).

Nesse sentido, pode não ser em vão retomar algumas considerações acerca do uso científico e uso poético da linguagem. A ciência exclui o estilo: para conhecer a física newtoniana, a leitura dos textos de Newton não é indispensável. O espírito científico tem "alergia contra as formas, consideradas como atributos meramente acidentais" (ADORNO, 2003, p. 19). O regime da verdade na ciência permite, por exemplo, que a transmissão das descobertas da física newtoniana seja independente dos traços de expressão e do estilo da escrita de Newton. É possível ser físico e admitir a validade das leis da física newtoniana sem nunca ter lido um só parágrafo de *Principia*. Assim, "o conteúdo, uma vez fixado conforme o modelo da sentença protocolar, deveria ser indiferente à sua forma de exposição" (ADORNO, 2003, p. 18). A esse respeito, a poesia (e a arte em geral) está nas antípodas da ciência. Ler um manual sobre Mallarmé ou sobre Drummond não nos ensina nada, ou quase nada, sobre a poesia deles, ao contrário do que ocorre com o simples fato de ter entre as mãos poemas como "Un coup de dés" ou "Máquina do mundo". Conhecer de cor a crítica literária a propósito das revoluções linguísticas operadas pelas obras de James Joyce ou de Guimarães Rosa, sem experimentar a travessia laboriosa de suas páginas, também nos ensina muito pouco. Valéry escreveu que "é poema o que não se pode resumir. Não se resume uma melodia" (VALÉRY, 1960 apud CAMPOS, 1987, p. 31). Não é possível inferir o poema a partir do resumo de seu teor e de sua forma. Tomemos, por exemplo, os primeiros versos de *La Jeune Parque* [*A jovem Parca*], de Valéry. Do ponto de vista de seu teor, poderíamos sumariar, com Pierre-Olivier Walzer, assim: "I. Noite mediterrânea. Uma ilha. Sobre a rocha, ante o mar, a jovem Parca desperta e se interroga. Início do monólogo. Invocação dos astros. Picada da serpente" (CAMPOS, 1987, p. 33). Do ponto de vista formal, temos uma versificação construída com o "alexandrino clássico (formado, como se sabe, de dois hemistíquios de seis sílabas, com o primeiro terminando em sílaba aguda ou em sílaba grave com fusão vocálica)" (CAMPOS, 1987, p. 42). Mesmo se somarmos o esforço tentado por Guiraud de estudar a versificação de Valéry com métodos estatísticos; mesmo se estivermos atentos ao procedimento valeriano, caracterizado por uso de "metáfora elíptica, por fusão, que busca a identidade de dois termos [...], as palavras polivalentes em que o sentido etimológico é exponenciado [...], as figuras de linguagem [...] induzindo o pensamento a se organizar por justaposição e coordenação" (CAMPOS, 1987, p. 39); mesmo dispondo de todos esses elementos formais e conteudísticos, não é possível estabelecer a identidade entre a paráfrase e o verso, e nunca seremos capazes de inferir:

> Quem chora, aí, senão o vento nesta hora,
> [...]
> Eu sigo uma serpente que me morde o ser
> (VALÉRY apud CAMPOS, 1987, p. 49).

Poderíamos acrescentar que, ao contrário do que ocorre nas matemáticas, que explicitam as regras de suas demonstrações, o discurso poético deixa inexplícitas as regras de sua composição. É possível aprender um teorema, por mais complicado que seja, pela obediência ao método de sua demonstração. Já com a poesia, o mesmo não ocorre. Mesmo no caso, por exemplo, de "A filosofia da composição", de Edgar Allan Poe, que se esforça por explicitar nos mínimos detalhes todas as etapas de construção de um poema particular, "O corvo", não é possível, pela simples obediência aos princípios, deduzir sequer um único verso.

Não se trata aqui de fazer um elogio cego de um vitalismo romanticista vazio e sem conceito, fundado sobre a primazia das paixões, mas de uma constatação da distância que separa duas maneiras de experimentar a letra e o real: aquela da ciência, aquela da arte. Embora a separação entre ciência e arte seja irreversível (ADORNO, 2003, p. 20), "não se deve hipostasiar seu antagonismo" (ADORNO, 2003, p. 22). Assim, essa impossibilidade de inferência a partir da descrição de seus elementos constitutivos decorre do fato de que não há sinonímia em poesia, melhor, não são equivalentes o verso e sua descrição (ou sua paráfrase). É claro que também não é possível inferir o fraseado do texto dos *Principia*, de Newton, a partir de paráfrases de seu conteúdo e/ou de suas fórmulas. Não é possível inferir "a resultante das forças que agem num corpo é igual ao produto de sua massa pela aceleração adquirida" a partir de $F = m \cdot a$. Mas isso não tem qualquer relevância do ponto de vista da verdade científica, pois as duas formas são perfeitamente equivalentes. Variações na enunciação, desde que compatíveis com a fórmula, não alteram o teor de verdade da proposição científica. Na poesia, pelo contrário, não é possível alterar a enunciação sem alterar também seu conteúdo de verdade. Nesse sentido, na ciência, temos a maior separação entre forma e o teor (conteúdo) do discurso; na poesia, eles são inseparáveis, a ponto de interrogar a pertinência dessas noções, por exemplo, na discussão acerca do problema da autonomia da forma.

Assim, a descoberta de um texto desconhecido de Newton não modifica em nada a física clássica, quando muito, pode modificar nosso conhecimento de história das ciências, assim como o reexame de um texto de Galileu pode, no máximo, mudar nosso conhecimento da história da mecânica, mas não a própria mecânica (FOUCAULT, 1994, p. 809). Acrescento que, na outra ponta, a descoberta de um texto inédito de Mallarmé ou de Joyce muda não apenas a história da literatura, mas a própria literatura. Também nesse sentido, a psicanálise ocupa, segundo notou Foucault, uma posição híbrida: a descoberta do *Entwurf*, de Freud, arrisca não apenas "nosso conhecimento histórico da psicanálise, mas seu campo teórico – ainda que apenas por deslocar o acento ou o centro de gravidade" (FOUCAULT, 1994, p. 809).

Em todo o caso, o que interessa para nossos propósitos é que tudo se passa diferentemente na poesia. Frente à banalidade da língua comum, a linguagem poética permite o ultrapassamento do dado imediato, na medida em que incita significações novas, inauditas para o falante. Dessa forma, a poesia cria então usos da língua não previstos nem pela sintaxe lógica da linguagem nem mesmo por sua gramática. Viola o código linguístico e se recusa a limitar um único sentido à sua "mensagem": ela exige do leitor sua participação. Pois, como salienta Todorov, "o uso poético da linguagem distingue-se dos outros pelo fato de que a linguagem nele é percebida em si mesma, e não como um mediador transparente e transitivo de 'outra coisa'" (TODOROV, 1996, p. 372). De fato, a poesia seria uma espécie de extensão e aplicação de certas propriedades da linguagem.

Isso ocorre, entre outras coisas, porque, conforme ensina Barthes, ciência e literatura opõem-se no que concerne à maneira como ambas assumem a linguagem. Na ciência, a linguagem é instrumento, "que se quer tornar tão transparente, tão neutro quanto possível" (BARTHES, 2004, p. 4), submetido à matéria extra e pré-linguística, ao passo que, na literatura, a linguagem é o ser da literatura, na medida em que o poético "designa esse tipo de mensagem que toma sua própria forma por objeto, e não seus conteúdos" (Barthes, 2004, p. 5). Dito de outra forma, "a linguagem poética é uma linguagem autotélica" (Todorov, 1996, p. 373).

A linguagem, tal como a experimentamos a partir de meados século XX, incorporou, sim, os avanços da técnica argumentativa da prosa científica e da linguística moderna, mas também algumas experiências do limite, como encontramos em Mallarmé ou Joyce, ou em Lewis Carroll, Bataille ou em Lacan lendo Schreber... Pois trata-se, nessas experiências, de perceber "como a linguagem se aperfeiçoa quando se trata de jogar com a escrita" (Lacan, 1985, p. 51). Tais experiências são paradigmáticas para a prática clínica da psicanálise, na medida em que nos aproximam da realidade linguística do que se passa no decurso de um tratamento. É nesse contexto que o livro de Cleyton Andrade é uma contribuição essencial. Pois ele esclarece um dos componentes dessa vertente poética do pensamento de Lacan.

Isso porquê o Chinês é uma língua que "porta uma indecibilidade estrutural". Não por acaso, Lacan se interessou pela língua chinesa tão precocemente e voltou a ela em diversas ocasiões ao longo de sua trajetória. Interessado pela homofonia e pela equivocidade da língua que abundam nas formações do inconsciente, Lacan começou a estudar chinês durante a Segunda Grande Guerra. Num primeiro momento, seu aprendizado foi fortemente marcado pela sinologia francesa, particularmente de Marcel Granet, que demonstrava, entre outras coisas, que a língua chinesa serve menos à representação de uma realidade dada do que a fins práticos. Procedendo fundamentalmente por alusão, ela visa à ação. Esse componente pragmático da língua, ou seja, relativo ao seu impacto subjetivo, certamente exerceu forte fascínio no psicanalista, que àquela altura estava também mergulhado no estudo de Saussure e de Jakobson.

Antes de conhecer a teoria dos atos de fala de Austin, Lacan teve contato com o aspecto performativo dos proferimentos através de Granet, que insistia que na língua chinesa a "fala é um ato" (GRANET, 2008, p. 36).

No início dos anos 1940, Lacan estuda chinês com Paul Demiéville, chegando a ser diplomado em 1945 pela Escola de Línguas Orientais. Esse estudo deixaria marcas profundas, embora nem sempre visíveis. Depois de longo intervalo, volta a estudar, desta vez de maneira informal, com François Cheng. Esse último período é talvez o que deixou marcas mais visíveis. No Seminário 18, *De um discurso que não fosse semblante*, Lacan chega a afirmar que não seria lacaniano se não tivesse estudado chinês.

Ao final do percurso proposto, temos a certeza de uma dívida paga. Afinal, este livro nos restitui um Lacan que sempre viveu à margem do Lacan oficial. Um Lacan curioso, poeta, estrangeiro de si mesmo. Além disso, ficamos ainda com mais uma certeza: a de que Cleyton não teria estudado chinês se não fosse lacaniano.

A fortuna da interpretação

Antônio Teixeira[2]

No filme *Trapaceiros*, escrito e dirigido por Woody Allen em 2000, o trapaceiro desastrado Ray, protagonizado pelo próprio diretor, planeja alugar uma loja ao lado de um grande banco, utilizando-a como fachada para construir um túnel subterrâneo e realizar o roubo. Para tanto, Ray convence sua esposa Frenchy a cuidar do funcionamento normal da loja, preparando biscoitos e os vendendo ao público, enquanto ele e seus comparsas se dedicam à construção do túnel. A sequência é puro Woody Allen: a construção do túnel e a tentativa de roubo falham, mas a loja de biscoitos caseiros é um sucesso absoluto de vendas; as filas em frente são cada vez maiores e o estabelecimento se torna o mais novo fenômeno da culinária nova-iorquina.

Ao ler o instigante livro de Cleyton Andrade, não pude deixar de pensar nessa passagem irresistivelmente hilária de *Trapaceiros*. Tal como se dá com o personagem de Woody Allen, Cleyton Andrade é um pesquisador que sai em busca da fortuna lacaniana da interpretação a partir de um caminho

---

[2] Psicanalista e professor associado da Universidade Federal de Minas Gerais (UFMG). Editor da revista *Estudos Lacanianos* e autor dos livros: *O topos ético da Psicanálise* (EdiPUCRS, 1999), *A soberania do inútil e outros ensaios de psicanálise e cultura* (Annablume, 2007) e *Metodologia em ato* (Scriptum, 2010).

distinto da entrada principal. Em vez de se valer das clássicas fontes dos Seminários 2, 6 e 11, nos quais a interpretação é um tema recorrentemente relacionado à noção do sujeito como efeito da articulação significante, Cleyton escava um imenso túnel para pensar a interpretação em referência não mais ao significante, mas à escrita poética chinesa, servindo-se de uma indicação quase despercebida pela maior parte dos leitores de Lacan.

O ponto de partida é uma referência tardia extraída de um dos últimos seminários (*L'insu que sait de l'une-bévue...*), proferido no dia 19 de abril de 1977. Num momento em que parecia não mais se interessar particularmente pela questão da interpretação, Lacan surpreende seu auditório ao propor que a interpretação deve ser poética, acrescentando que o psicanalista necessita buscar o que há de essencial na escrita poética chinesa para operar com a interpretação. Para sua desventura e deleite, Cleyton Andrade leva essa proposição a sério e se propõe a extrair suas consequências. Mas, ao fazê-lo, ele logo percebe que não é possível entender a escrita poética chinesa sem praticar diretamente essa escrita. Como pretexto para abrir o caminho subterrâneo ao banco, ele se vale de um escritório de sinologia que logo se revela um labirinto de múltiplas aberturas, infinitamente mais rico e diverso do que o túnel inicial. Fiel a Lacan como poucos, Cleyton Andrade segue adiante para se tornar um dos raros, senão o único lacaniano verdadeiramente sinólogo de nossas paragens sul-americanas.

O resultado é surpreendente: ao meditar sobre a referência à letra da escrita poética chinesa, Cleyton Andrade nos expõe um modo de ressonância simbólica curiosamente distinta da materialidade fonética do significante. Sua pesquisa nos mostra que tal efeito de ressonância depende de algo que em nossa escritura ocidental se apaga – o movimento impresso pelo pincel sobre a folha como testemunho material do gesto que produz os caracteres chineses: "Quando o poeta chinês contorce, amarra e desamarra articulações da matéria dos caracteres, ele os manipula como Lacan fazia com os nós" (neste volume, p. 202). Tal como se vislumbra, talvez, no gesto gráfico de Amilcar de Castro, a escorregada para baixo do pincel faz com que notemos algo distinto do que o traço mais contido permitiria ler. É a partir desse deslocamento gestual do traço que Cleyton Andrade nos convida a pensar a equivocidade da interpretação, iluminando, com sua lanterna de sinólogo, essa dimensão que não nos é dada a ver. É particularmente difícil para nós, *ocidentados*, captar a importância deste movimento que se apagou: o gesto da escrita se reduz, em nossa cultura, ao efeito superficialmente estético da caligrafia, na forma banal do suplemento cosmético estereotipado que encontramos, por exemplo, nos convites de casamento.

Importante notar que, se a leitura da escrita poética chinesa servia de pretexto para o projeto da construção subterrânea destinada a roubar a fortuna do banco da interpretação, a riqueza labiríntica do escritório de sinologia de longe ultrapassa a meta do túnel planejado. Encontramos, desde as páginas iniciais do livro de Cleyton Andrade, uma discussão introdutória que esclarece, de maneira notável, o interesse de Lacan pela cultura chinesa que não se restringe ao tema da interpretação, além de chaves preciosas para um texto difícil, como *Lituraterra*, cuja abordagem nos exige pensar a materialidade da palavra escrita. Redigido num estilo ao mesmo tempo rigoroso e prosaico, cuja exigência de clareza não sacrifica o enigma, esse livro alterna discussões mais técnicas – como a distinção entre caractere chinês e ideograma, a separação entre a fala e a escrita –, com abordagens históricas eruditas sobre a invenção da escrita chinesa e sua apropriação pela poesia concreta contemporânea. Sem fazer da China um Outro idealizado, Cleyton nos mostra, nessa região da cultura, algo que nos permite entender no Lacan da escrita o Lacan chinês.

O risco maior é que seu livro venha desencaminhar o leitor inteligente, jovem e incauto, fazendo com que se desvie das rotas *ocidentadas* clássicas para se acidentar nas vias sinuosas da escrita chinesa.

Introdução

Na China falam-se diferentes línguas que, segundo Viviane Alleton (2010), são impropriamente chamadas de dialetos. Somente a língua comum é escrita oficialmente, a qual os não chineses designaram *mandarim*. Na República Popular da China, entretanto, o termo empregado é *putonghua*, 普通话, e, em Taiwan, *guoyu*, 国语. São, portanto, várias línguas com um sistema de escrita único. Esse monopólio não se deve a qualquer eficiência ou facilidade imaginada e atribuída ao sistema gráfico; não se deve a qualidades e supostas virtudes especiais para traduzir o pensamento ou os diversos dialetos. Não tem pretensões de uma língua universal: esse monopólio dependeu historicamente de regras do Estado, que impôs de modo contínuo uma única língua escrita. O que estava em jogo era uma estratégia política de unificação.

Na história da China, os mandarins[3] sempre precisaram de intérpretes para se comunicar com os seus súditos, que viviam em locais desprovidos da educação no sistema oficial. Entretanto não precisavam de tradução, pois todo o material escrito era na língua oficial. Isso conferiu aos intérpretes e aos tradutores oficiais lugares distintos na sociedade.

O que se passa, então, nessa língua, que possa interessar à psicanálise? Há uma piada de uso popular entre os chineses

---

[3] Título concedido, na antiga China, aos altos funcionários públicos.

que é reproduzida em mandarim nos seus caracteres próprios
e sem uma tradução:

下雨天留客天留我不留
下雨天留客天留我不留

Podemos observar que ela é composta de duas linhas com
dez caracteres cada e que não há, como no chinês tradicional,
pontuação. Igualmente é fácil observar – uma vez que não
demanda nenhum conhecimento prévio de mandarim – que
são exatamente os mesmos dez caracteres nas duas linhas.
Nesse caso é fácil presumir que se trata da mesma frase dita
duas vezes. Porém, para um chinês, ela adquire sentido em
função de dois detalhes: a atribuição de uma pontuação e uma
mudança na pronúncia de um dos caracteres.

下 雨, 天 留 客. 天 留, 我 不 留.
Xià yǔ, tiān liú kè. tiān liú, wǒ bù liú.
Chove, o céu guarda visitante. O céu guarda, eu não guardo.

下雨天, 留客天, 留我不? 留
xià yǔ tiān, liú kè tiān, liú wǒ fǒu? Liú
Dia de chuva, dia de guardar visitante, não me guarda? Guarda.

Algo se passa nessa língua cuja combinatória ocupa um
espaço maior que a própria gramática, em que há ausência de
pontuação e de um sentido fixado, além de uma extrema concisão. Essa particularidade pode interessar ao psicanalista de uma
maneira muito especial. Uma língua cuja sonoridade e escrita
se mostram particularmente propícias para a poesia. Tanto que
essa passou a fazer parte não só da literatura, mas também da
educação, do divertimento e de jogos populares. A brincadeira
com os sons e com a escrita de uma maneira poética não é uma
ação isolada nessa cultura. Trata-se de uma língua em que se
pode ouvir a sua musicalidade sem que se entenda uma única

palavra que é dita. Uma língua que porta uma indecidibilidade estrutural e que, por isso, ocasionalmente precisa recorrer à escrita para ser compreendida. Nesse caso, a escrita viria em socorro de uma inevitável equivocidade da fala. E, em outras tantas vezes, é exatamente a escrita dos caracteres que, numa brincadeira ou jogos de palavras, com uma fineza encantadora, reintroduz a equivocidade que parecia ter se dissipado na fala. Entre a fala e a escrita, os chineses sutilmente brincam de escapar e retomar a equivocidade. Há algo de poético que não passa necessariamente por qualquer habilidade artística, mas é quase uma condição de habitar a linguagem.

Lacan, que nos deu a liberdade de sermos lacanianos enquanto ele mesmo era freudiano, retifica sua nomeação a partir de uma aproximação com essa língua. Nomeia a si mesmo lacaniano por ter estudado chinês. *Lacaniano* e *chinês* – relação bastante inusitada. Se já não bastasse o fato de Lacan sempre ter dado muita importância ao tema da nomeação, o chinês está, de fato e de direito, fortemente presente em sua obra. Nesse ponto, o interesse de Lacan se mistura ao interesse de uma psicanálise lacaniana. Mais do que o interesse de Lacan pelo chinês, que poderia dizer respeito apenas e tão somente ao sujeito, trata-se do interesse que a clínica psicanalítica e a sua teoria possam ter a respeito daquilo que concerne aos temas chineses.

O ponto de partida é uma indicação de Lacan feita no ano de 1977, em *Rumo a um significante novo,* a respeito da interpretação e da escrita poética chinesa. Porém, não há como falar de escrita poética chinesa sem a língua chinesa, muito menos sem a escrita chinesa. Arte, língua, pensamento, filosofia, religião e costumes chineses estão intimamente ligados e cada uma dessas manifestações parece estar incluída na outra. Impossível tocar a poesia sem tocar o Tao, a pintura, a caligrafia. Mêncio não é Lao-tse, mas não é possível se propor a falar de um sem esbarrar no outro da mesma forma que não é possível traçar na areia da praia até onde vão as ondas. Ainda que se faça isso, corre-se o *risco* de que uma outra onda apague o *traço*. Os castelos de areia têm que ser construídos bem longe da água e, mesmo assim, quem nunca perdeu vários deles para as ondas que insistem em mudar de lugar?

De formação essencialmente clássica no que diz respeito à China, mesmo em um período em que a intelectualidade francesa e os maoístas questionavam tudo o que representava uma China Clássica, Lacan sofreu influências de Demiéville, Marcel Granet e, principalmente, François Cheng. Lacan faz a escolha por um classicismo chinês: grande parte de suas referências pertenciam ao período dos Reinos Combatentes – denominação dada a um período da história da China – ou a um período bem próximo. Nessa parte da história de uma China não unificada, o tema principal dos filósofos chineses girava em torno da linguagem.

Há uma imaginarização acerca do que é o ideograma que acaba não apenas dificultando a compreensão da função que a escrita chinesa ocupa nas elaborações teóricas de Lacan, como também a inviabiliza em alguns momentos. O ideograma *não é* desenho, *não é* figura, *não é* símbolo, *não é* uma representação da ideia, *não é* uma representação da coisa. A escrita chinesa – não alfabética, não fonética, separada da fala, mas não absolutamente independente dela – possibilita pensar o divórcio entre escrita e fala.

Daí é um passo para abordar o que já foi chamado de literatura de vanguarda, tendo a poesia de vanguarda como uma prática da letra. Ezra Pound e Haroldo de Campos traçam um caminho que conduz a James Joyce e a uma escrita ideogramática, a um método ideogramático de compor. A visualidade e a materialidade dessa literatura de vanguarda se encontram com a pintura e a poesia chinesas. É necessário, portanto, passar pela caligrafia para entender o lugar do caractere numa poesia que só pode *ser* se for escrita.

Este texto não faz da China um Outro idealizado. Ao contrário, ele procura mantê-la como algo pensável e que permite pensar. É um desvio para que se possa tentar entender alguma coisa daquilo que diz o Lacan lacaniano, o Lacan chinês.

Um Lacan chinês

O interesse dos europeus pela China e pelas coisas que de lá provinham existe desde a chegada das primeiras notícias vindas de padres jesuítas no século XVI, ganhando mais força e destaque sobretudo a partir do final do século XVII. No século XIX, o fascínio pela língua, principalmente pela escrita e costumes chineses, já estava estabelecido no pensamento europeu, da literatura à filosofia. A China exerceu fascínio particularmente entre os franceses e se faz presente de Paul Claudel a Lucien Bodard passando por Victor Segalen (PORRET, 2008). Mais tarde, esse interesse foi alimentado por uma utopia que esperava uma revolução cultural e, um pouco mais adiante, retorna uma curiosidade com relação à caligrafia, à escrita e à língua chinesa. O interesse francês pode se inscrever como uma experiência filosófica, moral, como um ato político e, por vezes, literário. O assunto *da China* ocupou um espaço considerável no meio intelectual francês, especialmente nas décadas de 1960 e 1970, provocando viagens para aquele país motivadas tanto por questões políticas quanto de pesquisa. Michel Foucault, Roland Barthes, Philippe Sollers e Julia Kristeva são alguns exemplos.

Lacan, desde muito cedo, foi influenciado de uma maneira direta ou indireta, como boa parte da sua geração, pelo interesse europeu pelos assuntos ligados ao Extremo Oriente. Além dessa proliferação de temas vindos do Oriente, que, desde o século XIX, adentra o espaço social e cultural europeu, povoando e alimentando seu imaginário sobre terras distantes, a política também foi atravessada pelas notícias da China. Tanto no final da década de 1910 quanto algum tempo depois, com o movimento maoísta, a China se fez presente para os franceses. Por três ocasiões Lacan se envolveu mais diretamente com o estudo da língua chinesa, incluindo o estudo do pensamento chinês e de textos clássicos. O primeiro período foi durante a Segunda Grande Guerra; depois, no final da década de 1960, quando construía sua teoria do discurso; e uma terceira vez em 1977, após o lançamento do livro de François Cheng sobre a escrita poética chinesa.

Lacan nasceu em 1901, no mesmo ano em que a imperatriz regente Cixi e a corte manchu cederam aos anseios e pressões para realizar mudanças radicais nas instituições chinesas, tentando uma última vez manter a dinastia Qing, que estava no poder desde 1644. Essas transformações incluíam a instituição de um novo sistema de ensino que retirava os clássicos chineses, essencialmente aqueles que compõem o confucionismo, para substituí-los por matérias de escolas ocidentais. A China começava a viver uma espécie de Iluminismo tardio. Em 1905, foram eliminados os exames para seleção de funcionários civis, que durante séculos conferiam um lugar de destaque para uma elite educada. Além de ter sido um procedimento que ajudava na consolidação dos textos de Confúcio e dos clássicos como leitura obrigatória para a formação cultural, intelectual e cívica, tal educação era principalmente um meio de conseguir um destaque ou ascensão social. O que estava sendo retirado não era apenas um sistema de exames, estava sendo minado o culto aos livros e textos clássicos. Era, sobretudo, um golpe sobre um pensamento e uma tradição confucionista que predominava há séculos.

Lacan estava, então, com dezoito anos, estudante do Collège Stanislas, quando a China passou por um momento de tensão social com o Movimento de Quatro de Maio de 1919. Se esse acontecimento não influenciou diretamente o jovem Lacan, influenciou alguns de seus professores e marcou o meio do qual ele logo faria parte. O mercado editorial passou a ser invadido por publicações a respeito da cultura, história, religião chinesas.

Na China, este que passou a ser conhecido como "Movimento de Quatro de Maio" representava um movimento mais amplo, que abarcava a elite intelectual chinesa em busca de uma modernização urgente do país, bem como da preservação de uma soberania. Entre os alvos que eram constantemente atacados, está o que genericamente podemos chamar de confucionismo, o representante máximo da cultura chinesa até então. O movimento de reforma levou a uma renovação da escrita chinesa, que se mantinha praticamente inalterada por dois mil anos. Ela parecia ser, naquela ocasião, mais um símbolo de uma China que queria ser esquecida. Surgiram intelectuais que chegaram a atribuir à escrita chinesa um dos motivos do atraso que o país sentia. O ideal do estilo de vida ocidental, suas roupas, sua ciência, sua filosofia, seus costumes que contrastavam com ritos tradicionais e até a escrita alfabética se tornavam bens. A primeira metade do século XX assiste a uma China que tenta, pela primeira vez na História, aderir a uma escrita alfabética, desejosa de decretar o fim dos caracteres, erroneamente conhecidos e chamados de ideogramas pelos ocidentais.

Até o século XIII, esse modo de escrita não chamou muito a atenção dos europeus: Marco Polo não teve nada a dizer sobre ela, e um enviado de Luís IX, rei da França, para comércio com os mongóis, escreveu apenas três linhas sobre a escrita chinesa. Somente no século XVI os livros chineses chegaram às bibliotecas francesas e foi apenas no século XVII que a escrita chinesa ocupou um cenário que chamou a atenção dos europeus, inclusive dos filósofos.

Esses, ao se depararem com os caracteres chineses adotados em diversos países, imaginaram que se tratava de uma grafia das coisas e das ideias. Daí, em função do imaginário europeu do século XVII, passou-se a chamar os caracteres chineses de ideogramas. Isso os deixa a um passo de serem pensados como símbolos e até como desenhos.

Lacan procurou evitar chamar os caracteres chineses de *ideogramas*. Quando chega a fazê-lo, em poucas vezes, é sempre com um ar de ironia e de deboche. Qualquer um que iniciar seus estudos dessa língua logo estará advertido do erro de chamar o 字 *zi* de *ideograma*, apesar de ser o termo consagrado.[4]

Na primeira metade do século XX surgem as primeiras tentativas de romanizar a escrita chinesa, dando-lhe um sistema de transcrição fonética e alfabética. De algumas tentativas, a que é mais usada atualmente é chamada de *pinyin*. Ela, na verdade, não substituiu a escrita chinesa propriamente dita, mas é usada para escrever palavras chinesas sem o uso dos caracteres ou para o uso atual dos computadores.

Tal reforma não conseguiu excluir a escrita dos caracteres, mas operou algumas modificações sobre ela. A escrita que antes era na vertical disposta de cima para baixo e lida da direita para a esquerda passa, com a República Popular da China, a ser lida ao modo ocidental, na horizontal e da esquerda para a direita: desde 1967 todos os livros são publicados na horizontal, guardando o formato vertical para as obras clássicas reeditadas, apesar de ser possível encontrar na atualidade um uso combinado, como em jornais. Outra mudança na escrita que veio com a República Popular

---

[4] Em virtude da consagração do termo entre os ocidentais, os próprios chineses, ao traduzirem *zi*, fazem uma concessão de chamá-lo de *ideograma*, muito mais com o intuito de facilitar a comunicação do que por concordarem com a ideia que ele veicula.

da China foi a simplificação dos caracteres na tentativa de torná-los de mais fácil compreensão e, portanto, mais acessíveis à população. Desde essa simplificação, ao falar de escrita chinesa, terá que se levar em conta se estamos diante de uma escrita simplificada ou da escrita tradicional. Como o primeiro é composto de traços simplificados e de uma redução ao que consideravam essencial a ser mantido, muitas vezes apresentam um resultado final diferente, a ponto de poder gerar uma dificuldade de leitura. Os textos clássicos, por estarem em chinês tradicional, muitas vezes precisam vir com uma edição bilíngue em chinês. É o caso da diferença entre a escrita da China e de Taiwan. Com a República Popular da China, o grupo que governava o país se muda para Taiwan. A distância da reforma maoísta fez com que, até hoje, Taiwan utilize o chinês tradicional, enquanto a China tem como oficial o chinês simplificado.

O chinês tradicional, apesar de ter traços mais numerosos e mais complexos, exige um número menor de caracteres. Já o simplificado, apesar de ser mais simples, perde em concisão, procurando deixar mais claro o que quer ser dito usando um número maior de caracteres. É necessário destacar esse ponto, pois Lacan aprende a língua durante a guerra e, portanto, antes da reforma maoísta da escrita. Isso quer dizer que Lacan se refere basicamente à escrita tradicional, que é mais concisa, reduzida, e por isso mesmo mais próxima daquilo que lhe interessa quanto à homofonia, à equivocidade e, consequentemente, à poesia. Para compreender minimamente as referências de Lacan sobre a língua e a escrita chinesas é preciso estar advertido de que se trata de uma escrita que hoje exigiria do próprio leitor chinês um esforço de tradução para sua própria língua, semelhante ao que faz o japonês ao ler os caracteres chineses em japonês, o que acentua consideravelmente a diferença entre fala e escrita.

Enquanto a China queria se aproximar e aprender o estilo europeu, a Europa retomava seu interesse por aquele país tão distante. Durante a primeira metade do século XX, a sinologia francesa começava a dar mostras de que se tornaria senão o mais significativo segmento da sinologia, pelo menos um dos mais expoentes. Possivelmente até hoje a sinologia francesa seja a que tenha maior peso e exerça a maior influência sobre aqueles que tomam os temas chineses como objeto de pesquisa. Na juventude de Lacan, os sinólogos franceses de maior destaque eram Jean-Pierre Abel-Rémusat e Édouard Chavannes. No início da década de 1920, Marcel Granet começa a ser publicado. Lacan estava com 21 anos quando foi publicado *La religion des Chinois* [A religião dos chineses], de Granet. Dele ainda foram publicados *La civilisation chinoise* [A civilização chinesa], em 1929, enquanto Lacan ainda era estudante, e, um pouco mais tarde, em 1934, a obra que talvez seja a mais conhecida desse autor, *La pensée chinoise* [O pensamento chinês], que surgiu enquanto Lacan defendia sua tese de doutorado. Isso implica que o pensamento da sinologia francesa, que estava presente durante o primeiro terço da vida de Lacan até a defesa de sua tese de doutorado, era uma sinologia basicamente orientada pelo pensamento de Marcel Granet. Se Lacan pensou a China, em grande parte, foi a China de Granet.

Marcel Granet

Marcel Granet delimitou as mais consistentes bases da sinologia francesa da primeira metade do século XX. Ele marcou não só a Lacan, mas gerações de sinólogos. Até o final da década de 1960, as referências lacanianas a respeito da língua, da escrita, do pensamento e dos costumes chineses são na sua maioria de Granet. Conhecer um pouco do que esse autor pensa nos ajudará a compreender o lugar da língua e da escrita. Vem de Granet um tratamento mais refinado para o que ele considera ser uma separação entre língua falada e língua escrita, traço fundamental do seu pensamento. Com o apoio dessa separação de uma língua escrita em relação a uma língua falada preconizada por Granet, Lacan poderá retomar a questão no Seminário 18, *De um discurso que não fosse semblante.*

Marcel Granet também chama a atenção para a relação particular que tanto a língua quanto a escrita chinesa mantêm com a ação. O uso da língua chinesa está menos preocupado com a comunicação e transmissão de conteúdos do que com o que ela pode evocar, suscitar, instigar. É uma língua particularmente interessada nos efeitos que produz e pelas ressonâncias que provoca. Não é preciso frisar o tanto que isso interessa a Lacan. A fala e a escrita são orientadas por um movimento que exige do corpo a manutenção de uma disciplina rigorosa. A fala e a escrita visam ressoar, mais que comunicar, daí toda sua vocação ritualística e divinatória.

A indicação da relação feita pelos chineses entre a linguagem e um sistema de atitudes antecipa o que chamou a atenção de Roland Barthes em *O império dos signos* (2007) e do próprio Lacan em discussões posteriores, tanto a respeito de Mêncio quanto da caligrafia, do traço único do pincel em Shitao e, por fim, da escrita poética chinesa.

Segundo Granet, o sistema de mundo concebido pelos chineses é um sistema de finalidades práticas que implica a participação ativa de cada um, tendo como efeito uma espécie de disciplina civilizatória. De tal modo que, no lugar de manterem uma relação com a ciência como a concebemos, desenvolveram e conceberam uma "etiqueta da vida". A escrita e a língua chinesas, ao contrário do que estamos acostumados a pensar a partir dos gregos, não estão orientadas para a finalidade de comunicar ideias e forjar conceitos. Ambas fazem parte de um conjunto de técnicas que visam essencialmente à ação. Entre a formulação de conceitos, tão cara aos gregos, e a noção de eficácia frente às ações e ao real, os chineses optaram pela segunda.

Para Granet, a língua chinesa é monossilábica e sua escrita é figurativa. É uma língua do grupo *sino-tibetano* que tem por característica uma tendência ao monossilabismo, embora essa ainda seja uma questão controversa. Foneticamente, há uma diferença entre o chinês falado atualmente e o chinês clássico, ou *arcaico*, como prefere Granet. Cada palavra tinha um tom cuja altura seria variável, o que ajudava na diferenciação dos homófonos. Eram em número de oito, hoje permanecem apenas quatro tons, que cumprem o mesmo papel. É possível ter uma ideia da ocorrência de homofonias numa língua basicamente monossilábica e que conta, muitas vezes, apenas com o tom para diferenciar o sentido da palavra. Isso também é encontrado em outras línguas; porém, vale lembrar que, num caso de predominância de monossílabos, a possibilidade de equívocos é consideravelmente maior. A homofonia para os chineses é mais que um acidente da língua. Uma vez que tanto a língua quanto a escrita visam a uma relação com a ação, é interessante observar o uso de jogos, brincadeiras e outras manipulações que os chineses fazem com frequência diante do real da homofonia que os acompanha cotidianamente.

Esperar que o tom diferencie o valor da palavra e determine uma dada significação cria situações inimagináveis para nós ocidentais. Um fonetismo muito pobre e uma morfologia reduzida[5] dificultavam a identificação de palavras, que eram excessivamente curtas. Com isso, elas podiam ser, na maioria das vezes, usadas indiscriminadamente como

---

[5] Para Lacan "não há língua existente à qual se coloque a questão de sua insuficiência... posto que atender a todas as necessidades é um efeito de sua existência como língua" (LACAN, 1998b, p. 501).

substantivos, verbos e adjetivos sem que houvesse qualquer alteração importante em suas formas.

O chinês clássico não tem pontuação. Lacan faz uma referência a esse respeito em *Função e campo da fala e da linguagem em psicanálise*: "textos canônicos chineses: neles, a ausência de pontuação é uma fonte de ambiguidade, a pontuação colocada fixa o sentido, sua mudança o transforma" (Lacan, 1998b, p. 315). Portanto não é só entre os cânones que não há pontuação – a escrita chinesa tradicional também não a possui. É somente com a mudança da escrita operada no século XX, a partir do chinês simplificado, que passa a haver pontuação. Essa ausência associada ao uso flexível de algumas partículas, ora como verbo, ora como adjetivo, por exemplo, serviu como pontuação oral com o objetivo de tornar compreensível o sentido de uma frase.

A fala era dirigida não por regras gramaticais estritas, mas por ressonâncias que têm relação com as ressonâncias do corpo. É uma língua que possui "uma força admirável para comunicar um impacto sentimental, para convidar a tomar partido" (Granet, 2008, p. 33), ao mesmo tempo rude e refinada, e ainda assim concreta: "A língua oferecia poucas facilidades para a expressão abstrata das ideias. Seu destino como língua de civilização, no entanto, foi prodigioso" (Granet, 2008, p. 33). Ainda nas palavras do autor:

> Um guerreiro, antes de se iniciar o combate, dirige-se a um amigo que tem no campo adversário. Quer dar-lhe conselhos prudentes, exortá-lo a fugir pelos lamaçais da planície inundada, e fazê-lo entrever que, nesse caso, poderia ir em seu socorro... Entretanto, limita-se a lhe dizer: "Você tem levado trigo?" "Não", responde o outro [que talvez não compreenda]. 'Tem levedo (de plantas) da montanha?' "Não", responde novamente o outro. [Apesar da insistência na palavra *levedo* (o levedo era tido como um excelente preventivo contra a influência

perniciosa da *umidade*), ele continua não compreenden-
do – ou fingindo não compreender: sem dúvida, deseja
receber, com um conselho mais explícito, o compro-
misso de que irão ajudá-lo.] O amigo então prossegue
[ainda evitando a palavra essencial, mas sugerindo-a
com vigor]: "O peixe do Rio terá dor de barriga. Que
remédio você lhe dará?" E o outro [que finalmente se
decide]: "Observe os poços sem água. Você o retirará
deles". Assim, no auge do combate, ele vai esconder-se
num barranco lamacento e, passando o perigo, o amigo
o encontra ali (GRANET, 2008, p. 33-34).

Tal como muitos textos clássicos são escritos com pe-
quenos adágios, o que os torna frequentemente mal inter-
pretados por ocidentais, a língua chinesa visa, acima de tudo,
à ação. Como uma língua assim poderia ter seu caractere
escrito nomeado de *ideograma*? Não é uma língua que busca
a expressão direta de uma ideia. Ela procede por alusão. O
guerreiro que quer oferecer ajuda não diz: "Para que eu te
salve você precisará se esconder no rio; assim que o perigo
passar, eu irei ao seu encontro". Ao contrário, ele usa frases
concisas, alusivas e carregadas de metáforas. O *levedo*, o
peixe e o *remédio*, substituindo ora o *rio*, ora o *sujeito* e ora
o *tempo*, demonstram uma língua particularmente afeita às
virtudes poéticas.

A palavra em chinês não se presta à notação de um
conceito nem se esforça para atingir noções explícitas ou
raciocínios formais, ela quer influir na conduta, e para isso
as palavras se tornam verbos, substantivos, adjetivos ou
meras pontuações orais de modo a constituírem verdadeiras
cadeias de metáforas dispostas metonimicamente. Ela parece
guardar uma semelhança natural,[6] como se dispusesse de

---

[6] Na verdade, não se trata de uma disposição natural, mas de um
conjunto de características associadas a uma longa tradição do

uma disponibilidade natural para a poesia: "em poesia, onde a similaridade se superpõe à contiguidade, toda metonímia é ligeiramente metafórica e toda metáfora tem um matiz metonímico" (Jakobson, 2008, p. 149).

É nesse enlaçamento entre fala e ato, em que uma palavra não se enlaça ao conceito, mas se aloja num sentido próximo a de um significante em ato, que Granet propõe o conceito de *emblema*: a palavra "em sua forma imutável de monossílabo, em seu aspecto neutro, ela preserva toda a energia imperativa do ato de que é o correspondente vocal" (Granet, 2008, p. 35). Como ele afirma: "esse poder das palavras e esse caráter que elas possuem de ser consideradas, não como simples signos, mas como emblemas vocais, revelam-se em certos termos que comumente se empregam dobrados e que formam *auxiliares descritivos*" (Granet, 2008, p. 35), que é um dos traços da poesia antiga.

Os *auxiliares descritivos* estão presentes, segundo Granet, não só na poesia antiga como também na poesia chinesa de diversas épocas, além de não se fazerem ausentes na prosa. Quando o poeta descreve o comportamento de alguns animais ou de outros aspectos da natureza, ele evoca uma série de coisas e não somente descreve de forma

---

pensamento chinês e de disposições históricas que moldou uma língua de modo que ela se mostrou, ao longo de quase dois mil anos, propensa a um certo tipo de uso feito pelos seus falantes. Além do mais, são duas categorias difíceis de isolar claramente: aquele que fala a língua e a própria língua; dizer que um *português* fala *português*, não é tão complexo quanto dizer que um *chinês* fala *chinês*. Um cantonês pode não falar chinês, mas é um chinês tanto quanto um que tenha nascido em Pequim, assim como um taiwanês, nascido fora da China, se diz chinês. Por outro lado, o cantonês, como outros tantos no território chinês, não é mais considerado um dialeto, mas uma língua. Como na China se falam muitas línguas, é difícil precisar quem é chinês e qual língua compete a um chinês.

expressiva. O uso de um determinado auxiliar que reproduz o grasnido de um ganso – semelhante ao chamado do macho ao qual a fêmea responde – visa ressoar no comportamento da esposa no casamento, que deve responder ao marido e segui-lo. O uso de tais auxiliares são verdadeiras *pinturas vocais* (GRANET, 2008). Enquanto o rébus se encarrega de viabilizar a passagem da imagem ao som, a pintura vocal inscreve o valor da imagem na voz. A palavra, que nesse caso não tem um valor de significação, visa provocar uma reação. Ele ainda pode ser simplesmente escrito num cartaz que terá o mesmo efeito, já que o *emblema escritural* substitui o *emblema vocal*.

Isso é um exemplo daquilo a que se refere Lacan (1998b) quando aborda o paralelismo significante da poesia chinesa em *A instância da letra no inconsciente freudiano ou a razão desde Freud*. Ela não é abstrata e, tampouco, tem uma função meramente estética. Não se trata de uma série de imitações que se distanciariam do original. Tanto o *emblema escritural* quanto o *emblema vocal* seriam, na visão de Granet, metáforas do emblema natural do som emitido pelo ganso, podendo ser usados para provocar a mesma reação, uma ação do outro (a fêmea e a esposa, por exemplo): "Eles parecem fazer questão de que cada palavra de sua língua os convide a sentir que *a fala é um ato*" (GRANET, 2008, p. 36, grifo meu).

Dizer que a fala é um ato é ir além das ressonâncias semânticas que ela necessariamente implica. A língua chinesa não ignora o sentido, caso contrário não se constituiria numa língua. Contudo, ela não confere ao sentido ou à clareza da comunicação o lugar primordial. Não é uma língua que se esmera para formular proposições verdadeiras ou falsas.

Seguindo as indicações de Granet acrescidas de um aporte de Jakobson, seria possível conceber que a língua chinesa, ao se pretender uma fala que seja ato, que tenha como fim uma ressonância sobre o outro e uma ação, atribui um destaque à função conotativa, muito embora ela alcance a função conotativa por meio de uma função poética da linguagem. Para que a fala produza ressonâncias que não sejam apenas as ressonâncias semânticas, a língua chinesa – com sua extrema concisão, um vasto vocabulário apesar da pobreza do fonetismo e de uma gramática extremamente reduzida e um vasto uso de *emblemas* – permite que os chineses, ao falarem, operem, principalmente, com a função conotativa e poética da linguagem. Ou seja, para que a fala seja ato e provoque ressonâncias, eles manipulam a fala, sobretudo a partir da função poética, tal como vimos no exemplo dos guerreiros no campo de batalha.

Para Granet, a escrita na China nunca deixou de ser emblemática, sendo um agrupamento de traços desprovidos de significação. Sempre foram, contudo, metáforas tanto dos emblemas vocais (também metáforas) quanto dos emblemas naturais. Desse modo, na China Antiga, esses emblemas gráficos tinham tanto poder quanto as danças rituais em que era possível subjugar um espírito, tanto com uma dança em que se movia a cabeleira do dançarino quanto com uma representação gráfica de uma cabeleira desfeita. Lacan cita as danças descritas por Granet no Seminário 9, na lição de 24 de janeiro de 1962, e em *O saber do psicanalista*, na lição de 6 de janeiro de 1972.

Algumas considerações de Granet sobre a escrita são aceitas até hoje, outras são passíveis de interpretações diferentes daquelas dadas por ele. Por exemplo, o caractere chinês pode ser simples ou complexo; o simples é um caractere que tem um sentido e um fonema, enquanto o complexo é composto por dois ou mais caracteres, sendo que um (ou mais) indicam o sentido e pelo menos um (na maioria das vezes) indica o fonema. Isso é amplamente aceito e vale no ponto de vista de qualquer estudioso da língua. É no ponto em que ele se torna mais polêmico que encontraremos o que mais se aproxima do que Lacan elaborou em *A instância da letra*.

Na dinastia Han, por volta de 100 d.C., alguns eruditos foram responsáveis pela composição de uma grande antologia chamada *Chuo wen*, na qual se tentou isolar em cada pictograma o que representaria o sentido ou a pronúncia,[7] extraindo rubricas que se desdobraram em outros caracteres derivados. Essas rubricas, Granet propõe chamar de *chaves* (GRANET, 2008), no lugar de radicais ou raízes gráficas. Com isso, passou-se a tentar explicar cada caractere a partir deste lote de formas primitivas de onde os caracteres posteriores seriam o resultado de combinações. Daí segue o sinólogo: "se aceitou sem discussão que, sendo os *desenhos* primitivos, originalmente, *desenhos* realistas, os caracteres complexos deveriam ser compreendidos à maneira de *rébus*" (GRANET, 2008, p. 41, grifos meus). Granet considera que os caracteres são rébus.

Outro ponto a ser observado a partir de Granet é que, em um caractere formado por uma parte semântica e outra fônica, a mais importante é a segunda, cabendo à parte semântica um papel secundário e até supérfluo. Ao fazer isso, ele considera que o sentido também pode ser dado pela parte fonética, o que não é verdade. Há combinações em que as duas partes contribuem semanticamente, mas não é esse o caso que ele discute. Ao colocar em primeiro plano a parte fonética, ele precisará encontrar algo que forneça a dimensão semântica para o caractere, caso contrário, teríamos apenas um som sem sentido. Como ele resolve isso então? Promovendo a ênfase da figuração que, somada

---

[7] Isolaram-se 540 sinais gráficos que serviram de rubricas para outros dez mil caracteres. É a partir dessas rubricas que um chinês pode, hoje, procurar uma palavra no dicionário, como se fossem as nossas iniciais a partir das quais iniciamos nossas buscas.

à sua noção de emblema, confere à parte fonética o papel de maior importância e concebe a parte escrita como um suporte para o fonema, lembrando que Granet se vale da noção de rébus para promover esse tipo de articulação entre fala e escrita.

O percurso feito por Granet guarda uma grande semelhança com aquele feito por Lacan em *A instância da letra*. Ambos se valem do rébus, do aspecto figurativo/de figuração na relação com o fonema para pensarem uma letra/escrita como suporte para a fala. Essa via percorrida por Granet curiosamente desemboca no tema da poesia, que também perpassou o texto lacaniano de 1957.

Paul Demiéville

Uma mudança ocorre no início dos anos de 1940, durante a Segunda Guerra Mundial, quando Jacques Lacan se matricula na Escola de Línguas Orientais para começar a estudar chinês. Nessa escola, ele se tornará aluno de Paul Demiéville, especialista em budismo e na literatura chinesa do período da dinastia Tang. Há uma controvérsia a respeito das razões que levaram Lacan a começar seu estudo da língua chinesa. É fato que esse era um dos temas a respeito da China que interessavam a elite intelectual francesa, e o próprio Paul Demiéville ocupava um lugar de destaque nessa elite. Sobre a controvérsia dos motivos pessoais de Lacan, Porret (2008) sugere que o real motivo era uma candidatura para uma direção da psicanálise da École des hautes études – Paul Demiéville havia sido nomeado, em 1945, diretor de estudos dessa mesma instituição. Durante três anos, de 1943 a 1945, quando foi diplomado na língua chinesa, Lacan teve um contato direto com Paul Demiéville e outros nomes que se tornaram, numa medida ou em outra, referências para a sinologia ou para o estudo da língua e escrita chinesas, por exemplo, Jacques Gernet, Léon Vandermeersch e Viviane Alleton.

O que é importante reter não são os motivos do início do estudo do chinês por Lacan, mas as consequências extraídas desse gesto para a psicanálise e para as elaborações teóricas e clínicas do percurso lacaniano diante da experiência clínica. Durante o Seminário 18, *De um discurso que não fosse semblante*, Lacan afirmou que não seria lacaniano se não tivesse estudado chinês. Há aí uma clara indicação da importância e da influência que essa língua operou na sua escuta e construção teórica.

Após o intervalo de alguns anos, Lacan voltou a estudar chinês, porém, desta vez, não em uma escola que proporcionava um percurso formal. Essa segunda etapa de um envolvimento mais estreito com a língua e com o pensamento chinês se deu na companhia e sob a orientação de François Cheng. O retorno para o estudo do chinês se deu em dois períodos, o primeiro, iniciado em 1969, permaneceu até 1973, quando teve que ser interrompido em função de compromissos assumidos por Cheng. O segundo período se deu a partir de 1977, porém de uma maneira menos sistemática.

Primeiro, com o movimento de maio de 1919 e, depois, com a instauração da República Popular da China, a juventude francesa e inúmeros intelectuais estavam entusiasmados com as mudanças ocorridas na China maoísta, o que melhor representava, no final da década de 1960 e início dos anos de 1970, o sucesso de um pensamento marxista. Para uma parte daqueles que estavam fascinados pela China nessas duas décadas, a causa desse investimento passava mais pelo marxismo e pelo engajamento político de esquerda do que por algum outro ponto da cultura chinesa propriamente dita. Lacan teve a oportunidade de visitar a China em 1973, logo após o segundo período de imersão na língua e na cultura chinesas sob orientação de François

Cheng. Após a interrupção desse trabalho, Lacan conheceu Maria Antonietta Macciocchi, autora do livro *De la Chine* [Da China], consagrado pela intelectualidade francesa. Com ela, e de certo modo através dela, Lacan iniciou contatos para viabilizar tal viagem, que ocorreria na companhia de Roland Barthes, François Wahl, Philippe Sollers, Julia Kristeva e Marcelin Pleynet (ROUDINESCO, 1994). Militante de esquerda, recém-aderido ao maoísmo, Philippe Sollers trabalhava ativamente, inclusive através da revista *Tel Quel*, numa campanha contra o confucionismo e esperava, com essa viagem, mudar a posição de Lacan. Porém, tal como fizera com Freud quando esse esteve em Paris, Lacan nunca chegou a viajar para a China. O país, o pensamento, a cultura e a língua que tanto estudou e para que tanto se dedicou, não o fizeram pôr os pés naquele país. Ele nunca conheceu a China. Ao contrário do Japão, para onde ele foi por duas vezes. A respeito do cancelamento da viagem, a revista *Tel Quel* lançou a seguinte nota:

> Ele deveria ir conosco à China. É uma pena que, como ele próprio desculpou-se, não tinha tido tempo, antes da partida, de tornar a praticar suficientemente o chinês para isso. Gostaríamos de ter visto Lacan discutindo de improviso com a população. A experiência teria sido interessante. É verdade que Lacan se inquietara com a campanha contra Confúcio e com o fato de este último ser apresentado como ideólogo do escravagismo na China. Mas a crítica da "vontade do céu", do "conhecimento inato", da "moderação para preservar os ritos", pode chocar um psicanalista instituído? Talvez (TEL QUEL 1974 apud ROUDINESCO, 1994, p. 356).

Não há como saber ao certo o motivo de Lacan ter desistido de uma viagem tão esperada e desejada por ele. Chama a atenção uma das justificativas que ele deu para não ter ido: não ter tido tempo suficiente para praticar o chinês antes da viagem, afinal, ele já havia sido graduado em chinês quando foi aluno de Demiéville. É certo que isso foi em 1945 e a viagem seria em 1973, mas ele acabava de vir de um período de quatro anos de estudos semanais com François Cheng, desde 1969. Por outro lado, Sollers relata a oposição de Lacan à postura anticonfucionista do governo chinês. O que também pode ser notado nos comentários favoráveis a Confúcio que Lacan fez na presença de oficiais chineses em franca luta contra esse pensador. Esse episódio ilustra, para além do real motivo da desistência da viagem, que, se a China de Lacan era inicialmente a China de Marcel Granet, depois de 1969 ela se torna a China de Cheng. A formação *chinesa* de Lacan era oriunda da visão e da leitura do maior sinólogo que a França teve naquele período e um dos maiores até hoje. Mesmo o aprendizado com Demiéville fora marcado pela leitura de Granet. Com o estudo na companhia de Cheng, Lacan passa a ver a China pelo olhar de Cheng, como já o fizera com Kojève a respeito de Hegel, por exemplo. Isso não implica um abandono da sinologia de Granet, mas acentua a perspectiva de Cheng, eminentemente clássica.

Esta será inclusive uma das principais causas das críticas recebidas pela leitura lacaniana da China e do pensamento chinês: o absoluto silêncio a respeito da China dita contemporânea, a China do século XX. Lacan não foi, em nenhum momento, maoísta. A China de Lacan é, com algumas poucas exceções, a China Clássica em total consonância com o pensamento de Granet e, sobretudo, com o de Cheng.

A crítica de Sollers

Sollers faz um comentário um pouco provocador na nota publicada na revista *Tel Quel*, endereçada ao posicionamento de Lacan. Retomando-a: "Mas a crítica da 'vontade do céu', do 'conhecimento inato', da 'moderação para preservar os ritos', pode chocar um psicanalista instituído? Talvez". O curioso é que esse comentário traz algumas referências recorrentes no ensino de Lacan. Por exemplo: os ritos são mencionados na lição de 24 de abril de 1959, no Seminário 6, *O desejo e sua interpretação,* e na lição de 6 de janeiro de 1972, em *O saber do psicanalista*, quando ele faz uma menção clara a Granet. A *vontade do céu*, na verdade o Mandato do Céu, aparece em algumas lições do Seminário 18, *De um discurso que não fosse semblante*, e também no Seminário 7, *A ética da psicanálise*. A respeito do *conhecimento inato*, ele está presente de um modo não muito explícito nas discussões sobre a moral, principalmente a partir de Mêncio. Essa discussão se faz presente em algumas lições do Seminário 7, *A ética da psicanálise* – principalmente nas lições de 27 de janeiro e de 6 de julho –, e em algumas lições também do Seminário 18, *De um discurso que não fosse semblante*. O alvo da crítica de Sollers e dos maoístas é, contudo, objeto de grande interesse para Lacan.

A história da China é extremamente vasta. A primeira dinastia de que se tem notícia vai do segundo milênio até o século XVIII a.C., a dinastia Xia, que, juntamente com outras duas, Shang (séculos XVIII-XI a.C.) e Zhou (século XI-256 a.C.), formam as três primeiras grandes dinastias. Apesar de terem uma longa duração, sempre foram cenário para inúmeras guerras e disputas, não havendo até depois de Zhou, com a conquista e início da dinastia Qin no século III a.C., um país unificado. É somente sob o domínio de Qin, o primeiro imperador, que vemos uma China unificada. É dele a construção da famosa muralha. Esse imperador, o mesmo que foi retratado no filme de Zhāng Yìmóu, *Herói* [*Hero*], é de grande importância para a história desse país. Não apenas por tê-lo unificado, mas por tê-lo unificado principalmente em torno da *escrita*.

Na dinastia Shang, havia a crença numa divindade que não foi criadora ou um primeiro motor como é tão comum entre os ocidentais. Era uma entidade suprema que exercia o domínio sobre a natureza e submetia os homens à sua vontade: *di*, 帝, ou *shangdi*, 上帝, Soberano do alto. É o que garantia sua soberania, sendo visto como um ancestral numa linhagem divina da qual o líder era um descendente. Da dinastia Shang para a Zhou há um deslocamento dessa divindade suprema para *tian* (Céu).

A dinastia Zhou se apoiava em três pilares: a realeza, a transmissão hereditária das funções e títulos e o poder religioso unificado do rei e da divindade, no caso o Céu (*tian*, 天) (CHENG, 2008). O rei não tinha ninguém acima dele senão o Céu, por isso era chamado de *filho do Céu* (*tianzi*, 天子).[8]

---

[8] No filme *Herói*, que retrata poeticamente o momento que precede a unificação da China pelas mãos do futuro imperador Qin, mostra um guerreiro inimigo que seria o maior lutador de todos e, portanto, a maior ameaça à conquista de Qin. O nome que o diretor Zhāng Yìmóu lhe dá é justamente de Céu (*tian*, 天), numa alusão à única coisa que está acima do soberano. O filme mostra de uma maneira sutil o deslocamento do significante. *Céu* designa o personagem guerreiro que quer assassinar Qin. Mas, ao mesmo tempo, na tradição chinesa, é o nome da divindade que garante o poder do soberano. 天 é o inimigo que está acima e a divindade que, estando acima, garante o soberano. Ao final do filme, o significante que retorna como algo novo, que muda totalmente o rumo da história, não por acaso, é 天, o mesmo significante; porém como 天下, *tian xia*. Essa é uma expressão que até hoje representa para o chinês "o país", "nossa casa", "nossa terra", "todo o mundo", "tudo abaixo do céu", *tian xia* (em que *tian* = céu, *xia* = abaixo) é a China. No filme, é em torno desse significante que ocorre a unificação da China. Na história dessa civilização, essa é uma expressão usada até hoje e, como já disse, foi em torno da escrita que se deu a unificação chinesa. Lamentavelmente, na dublagem ou mesmo nas legendas, não é possível captar essa sutileza em torno do significante 天, *tian*, e 天下, *tian xia*, uma vez que,

O Céu é visto como uma instância normativa dos processos cósmicos e da natureza, assim como das ações humanas. Mas há uma mudança significativa: a passagem de *di*, 帝, para *tian*, 天, implica uma ruptura com a garantia de uma divindade ancestral que conferia, por um laço genealógico, o poder supremo. A família e o vínculo sanguíneo não seriam mais uma via de legitimação. Sendo *tian*, 天, uma instância normativa e não familiar, ela só aceitaria o soberano que estivesse de acordo com seus princípios. O Mandato do Céu (*tian ming*, 天命)[9] era "susceptível de ser modificado, de passar de uma linhagem a outra, considerada mais digna de governar" (CHENG, 2008, p. 57), por isso se tornou a base da teoria política chinesa desde então. "Foi porque os últimos soberanos da dinastia Shang já não eram mais dignos de governar que o Céu teria dado aos Zhou o mandato de os castigar e substituir" (CHENG, 2008, p. 57). Confúcio era quem se tornaria um defensor e propagador desse Mandato do Céu, uma das razões de Sollers ter criticado ambos.

O apoio ao mandato celeste seria sinal de um infantilismo intelectual, social e político de Confúcio? Fonte de atraso que a revolução maoísta procurava extirpar para viabilizar o crescimento de uma nação? Talvez. Mas não é de todo seguro. Há uma questão bem maior nisso, com implicações para a

---

desprovidos da escrita em chinês e da sonoridade que remetem ao equívoco, se perde na tradução, o que da escrita se escuta naquilo que se ouve. A tradução de Céu e depois as duas palavras escritas que unificam um país, como "nossa terra", "nosso lar", "nosso país", "nossa casa", sucessivamente, não apontam para o que é repetido num mesmo diálogo entre dois personagens: *tian xia*. Esse filme mostra como uma tradução pelo sentido mente querendo dizer a verdade. E o quanto os chineses brincam com a distância que concerne ao espaço entre a sua fala e sua escrita.

[9] Lacan faz referência a ele no Seminário 18, ao falar e ao escrever o caractere chinês no quadro.

história recente da China. O fato é que Lacan não segue a via de Sollers e dos maoístas – o que interessou a Lacan deve ser tocado por outra via.

O segundo Lacan chinês

François Cheng é um chinês naturalizado francês que veio a se tornar uma das vozes mais brilhantes desse encontro das culturas francesa e chinesa, tendo o mérito de conjugar a força da tradição da China Clássica com o espírito francês. Fez da poesia o caminho principal desse encontro. Sua poesia é hoje considerada tanto chinesa quanto francesa.

Chéng Bàoyī,[10] 程抱, nasceu em Nanchang, ao sul da China, no ano de 1929, quando Lacan já contava com 28 anos – estando os dois separados por uma geração e por dois continentes. Cheng era de uma família de universitários, cujo pai era especialista em ciências da educação. Entrou para a Universidade de Nanquim, mudando-se para a França para estudar graças ao pai, e logo se interessou pela literatura francesa, área à qual se dedicou a ponto de se tornar membro da Academia Francesa em 2002. Ele e Lacan iniciaram uma parceria exatamente vinte anos depois do nascimento de Cheng, parceria esta que trouxe frutos para ambos.

Frequentador do curso de Paul Demiéville no Collège de France, Cheng iniciou um trabalho no Centre de Linguistique Chinoise. Paralelamente, publicou na China algumas traduções, em chinês, da poesia moderna francesa. Em 1968, diante de uma banca composta por Roland Barthes e Julia Kristeva, defendeu uma tese sobre um texto de Zhang Ruoxu, um poeta da dinastia Tang. Esse trabalho de Cheng teria chamado a atenção tanto de Barthes quanto de Kristeva.

---

[10] Lacan dá um outro nome para Cheng: Tai Tchen, e não Bàoyī. Seria, pela referência de Lacan, Cheng Tai Tchen, e não Chéng Bàoyī.

A partir do ano seguinte, sua carreira universitária teve um impulso. É o período que conheceu e passou a frequentar os cursos de Gilles Deleuze e de Henri Maldiney na Universidade de Paris VII, tornando-se mestre de conferências em 1974 e depois professor do Institut National des Langues et Civilisations Orientales (INALCO) (Porret, 2008). Ainda em 1969, com sua carreira universitária iniciando de forma brilhante, aguardava o pedido de naturalização francesa e iniciava o trabalho com Lacan.

O encontro se deu durante o período do Seminário 16, *De um Outro ao outro*. A proposta feita por Lacan a Cheng era de realizarem encontros informais sem um programa predefinido. Mais do que retomar suas aulas de chinês, o interesse de Lacan era o de que estudassem juntos alguns termos e sentenças em chinês que pudessem vir de textos clássicos, da literatura ou das artes chinesas em geral, além dos estudos sobre a língua. Lacan tinha Cheng como um repetidor privado, alguém de que pudesse ouvir em chinês algumas passagens que lhe interessassem, e, ao mesmo tempo, um auditório ou comentador privilegiado. Por inúmeros encontros Lacan pôde ser frequentemente interpelado e ouvido para eventuais correções e redirecionamentos a respeito das construções que envolviam os temas debatidos.

O tempo que Cheng dedica a descrever a noção de vazio mediano é uma amostra do interesse que essa noção provocou em Lacan. Além disso, ela terá novos ecos no próprio Cheng quando, em 2004, publicou um livro com o título *Le livre du vide médian* [O livro do vazio mediano]. Através dessa noção, pode-se compreender a preocupação que perpassou toda a história do pensamento chinês em relação a uma tentativa de apreender o vazio.

Cheng também se surpreendeu com a proposta de Lacan para estudarem a obra de um monge-pintor da dinastia

Qing (1644-1912) que conhecemos pelo nome de Shitao. Ele já havia aparecido na lição de 24 de abril de 1967, *A lógica da fantasia*, aproximadamente dois anos antes de iniciar os estudos com François Cheng. Naquela lição, ele fazia referência a uma pintura de Shitao que havia sido publicada na revista *Revue des arts asiatiques*. Lacan chamava a atenção para um detalhe da pintura que ele passou a chamar de *traço unário*, valendo-se de Freud para traduzir o que vira em Shitao. Tratava-se de um traço que se pronuncia *yi* e significa simplesmente *um* e que, segundo Lacan, significa também *traço*. Apesar da simplicidade, ele encontra, no modo com que o traço foi feito por Shitao, algo que lhe chamou o olhar. Os comentários feitos nessa lição do Seminário 14, *A lógica da fantasia*, parecem não ter esgotado o que Lacan pôde capturar desse pintor e de sua pintura a ponto de demandar Cheng de lerem o texto original juntos.

O interesse de Lacan pelo *traço unário de pincel* não limitou o interesse pela combinação de vários traços que compõem essencialmente o caractere chinês. A escrita chinesa dos caracteres fascinou Lacan e causou-lhe forte impressão, servindo de referência para reestruturar sua teoria da escrita e da letra. Esse interesse, que talvez já existisse antes do encontro com Cheng, provavelmente ganhou um impulso e uma renovação. Cheng adota uma postura frente à escrita chinesa diferente da que foi adotada por Marcel Granet, que até então era a referência principal não só para Lacan como também para Paul Demiéville e também para toda a sinologia europeia, principalmente francesa. A distinção recai sobre alguns pontos, mas o que considero mais importante é que a abordagem de Granet confere um destaque para a noção de emblema aos caracteres. Cheng, por sua vez, sem que negue explicitamente Granet, não recua frente à demarcação da importância de pensar a escrita chinesa e a poesia ao lado da caligrafia – ou, para ser mais incisivo, a partir da caligrafia. Esta extrai seu valor da escrita do caractere, mas a escrita do caractere encontra na caligrafia seu puro exercício de letra.

Com isso, mediante a influência de Cheng para pensar uma escrita que restitui o corpo no texto, Lacan não compartilhará mais com Barthes a concepção de que há uma perda do corpo na passagem da fala para o escrito. Ao contrário, isso fará com que a noção de escrita e de letra em Lacan tenha que ser pensada em relação a um corpo. Uma escrita que se faz no corpo ou com o corpo, mesmo que venha da voz do Outro.

François Wahl, editor de Lacan, que também estava participando da viagem para a China, propõe a Cheng a publicação de um livro que tratasse da poesia chinesa, tema que já fora tratado inúmeras vezes nos encontros com Lacan. Cheng foi forçado a suspender alguns compromissos, inclusive os encontros com Lacan. O livro será publicado aproximadamente quatro anos depois, em 1977.

Numa carta de Lacan a Cheng, datada de 22 de abril de 1977, ele escreve o seguinte ao amigo e colaborador: "Destaquei o seu livro em meu último seminário, dizendo que a interpretação – ou seja, o que deve fazer o analista – deve ser *poética*", palavra sublinhada por Lacan. Isso ocorreu no Seminário de 1977, *L'insu que sait de l'une-bévue s'aile à mourre*, na lição de 19 de abril de 1977:

> e aproveito para mostrar-lhes esse troço cogitado por François Cheng, que se chama, na verdade, Cheng-Tai-Tchen; mas ele empregou François como uma forma de absorver na nossa cultura, o que não o impediu de manter bem firme o que ele diz, ou seja, a *Escrita poética chinesa*, livro que acaba de ser publicado e do qual eu gostaria muito que vocês pegassem a semente, se vocês são psicanalistas, o que não é o caso de todos aqui (LACAN, 1998c, p. 10).

E, ainda:

> certamente, a escrita não é por onde a poesia, a ressonância do corpo, se exprime. Mas é impressionante que os poetas chineses se exprimiam pela escrita. É necessário que tomemos, da escrita chinesa, a noção do que é a poesia. Não que toda poesia – a nossa especialmente – seja tal que possamos imaginá-la assim. Mas, talvez, justamente, vocês sintam nela qualquer outra coisa, como os poetas chineses que não podem fazer de outra forma senão escrever. Existe algo que nos dá a sensação de que eles não estão reduzidos a isso; é que eles cantarolam. François Cheng enunciou, diante de mim, um contraponto tônico, uma modulação que faz com que se cantarole – pois da tonalidade à modulação, há um deslizamento (LACAN, 1998c, p. 10-11).

Lacan volta a procurar Cheng para retomarem as discussões, com interesse especial (novamente) sobre a noção de vazio mediano e sobre a poesia chinesa. Porém, pouco tempo depois o encontro entre os dois foi interrompido novamente, sem voltar a ser retomado.

Os temas que mais interessavam a Lacan, no que diz respeito ao pensamento chinês, estavam basicamente circunscritos aos cânones, aos clássicos chineses, indo do Tao, do *yin* e *yang*, passando pela relação entre a fala e a imagem no *Livro das mutações*, Mêncio, Shitao, pronome e negação na gramática chinesa. Mas havia, segundo Cheng, um interesse particular pela escrita, pelos caracteres chineses.

Alguns anos mais tarde, muito provavelmente em decorrência da força que esses encontros entre ambos sempre tiveram, François Cheng publica dois livros que tratam de dois temas largamente discutidos com Lacan: em 1979, dois anos depois do segundo período com Lacan e dois antes da morte deste, publica *Vide et plein: le langage pictural chinois* [Vazio e pleno: a linguagem pictórica chinesa], que dedica "*à mon maître Jacques Lacan*" (ao meu mestre Jacques Lacan), e, em 2004, publica *Le livre du vide médian.* Disso podemos presumir a forte presença e influência de um sobre o outro.

Sob a influência desses debates com Cheng, Lacan conduziu dois seminários que têm uma marca direta desse contato. O primeiro e mais conhecido pela presença notória das questões chinesas é o Seminário 18, cuja publicação leva na capa a figura de um imperador chinês diante da escrita e de outros semblantes próprios a um letrado. A forte presença da influência do pensamento e, principalmente, da escrita chinesa nesse seminário fez com que muitos se referissem a ele como o "Seminário chinês". É um período que merece destaque por ser nele que é proferida a lição sobre *Lituraterra*, que resultará no texto escrito com o mesmo nome e que abrirá a coletânea de textos que formam os *Outros escritos*. O outro seminário é *O saber do psicanalista,* inédito. Porém, tenho dúvidas quanto ao fato de podermos destacar apenas dois seminários nos quais a influência do tema seja maior em Lacan. De fato, o período de reaproximação com a língua chinesa intensifica os trabalhos de Lacan a respeito de referências orientais, cumprindo um papel de grande relevância os debates com François Cheng, que extrapolam as referências explicitamente chinesas.

As discussões entre Cheng e Lacan tiveram interferência direta na elaboração da teoria dos nós borromeanos, ainda que não houvesse uma menção direta e explícita ao pensamento chinês. Esse é inclusive um ponto de dificuldade para uma investigação que tome por objeto o que há de chinês na psicanálise de orientação lacaniana e o que há de chinês em Lacan. Isso porque não existem apenas referências diretas e explícitas que relativamente facilitam a localização de temas a serem investigados. Existem, entretanto, aquelas que se inspiram no pensamento chinês, na língua e na escrita, sem, contudo, fazerem menção direta a elas – como é o caso da teoria dos nós.

O contato com Cheng se deu num momento muito decisivo para o ensino de Lacan. Ele se situa exatamente no período que Jean-Claude Milner (1996) aponta o fim do primeiro e transição para o segundo classicismo, assim como Miller (2011) situa a passagem da primeira para a segunda clínica e do segundo para o terceiro ensino. Não seria um excesso aproximar o trabalho e a produção intelectual oriunda desse encontro Cheng-Lacan com uma série de produções que desembocarão numa mudança de paradigma da psicanálise lacaniana.

O que, definitivamente, não reduz a esse período as referências diretas e indiretas às questões chinesas. Apenas para se ter uma ideia dessa extensão, se formos considerar somente as menções diretas – excetuando aquelas que teriam que ser extraídas de uma leitura mais aguda dos textos e seminários, exigindo um conhecimento e tempo maiores – nos 26 seminários que vão de 1953 a 1979, em apenas seis[11] não há alguma referência direta aos temas chineses.

Ao longo de 19 seminários e de diversos outros textos, Lacan dá mostras de um grande conhecimento tanto da língua quanto do pensamento chinês. Suas referências são ecléticas, variando desde uma menção à astronomia chinesa no Seminário 11, *Os quatro conceitos fundamentais*

---

[11] Não há uma referência direta nos Seminários: 2, *O eu na teoria de Freud e na técnica da psicanálise*; 4, *A relação de objeto*; 8, *A transferência*; 17, *O avesso da psicanálise*; 23, *O sinthoma*; e 26, *A topologia e o tempo*. Em todos os outros há alguma menção, podendo não ter nenhuma importância para a elaboração teórica em jogo quando ela surge, funcionando apenas como um adereço da retórica lacaniana (como é o caso da lição do dia 10 de janeiro de 1978, *O momento de concluir*) ou surgindo como noções essenciais para pensar a escrita, a letra e a interpretação.

da psicanálise, até a questão ontológica que pode surgir pela ausência do verbo *ser* na língua chinesa no Seminário 12, *Problemas cruciais da psicanálise*, na lição de 3 de março de 1965. Aborda ritos e religiões, sobretudo o budismo e o taoismo, danças, folclore, literatura, história, filosofia, poesia – clássica ou não –, bem como pensadores que definiram a identidade dos chineses, como Confúcio, Mêncio, Laozi e Chuang-tse, além de fazer referências às obras canônicas. No entanto, diante dessa variedade aparentemente aleatória, é possível encontrar uma lógica que orienta nossa leitura de um Lacan chinês.

Não é possível reunir num todo homogêneo o interesse de Lacan pela China, tampouco o interesse que possa persistir para a psicanálise.

Não há um *todo* no que diz respeito ao interesse pela China. Porém, se não há unidade, não quer dizer que as referências sejam dispersas no tempo e aleatórias. O centro dessa questão no pensamento chinês é o taoismo. Portanto, quando Lacan aborda o Tao, o vazio, o *yin* e o *yang*, o vazio mediano, Laozi (ou Lao-tse) e Chuang-tse (ou Tchouang-tseu), ele está tratando de uma mesma matriz de pensamento. De todas as matrizes que foram abordadas ou citadas ao longo de seu ensino, bem como no contexto de todas as referências feitas aos temas chineses, há uma, sem dúvida, mais citada por Lacan. O tema mais abordado e mencionado toca, de um modo ou de outro, o taoismo.

Escrita chinesa: *a* língua feita para a caligrafia

Dentre as instituições sociais que o homem se coloca a praticar, a língua é aquela que encarna de maneira mais fundamental a essência de um povo, se houver uma essência (XIAOQUAN, 2007). No caso dos chineses, o que lhes confere o traço mais fundamental da língua é a escrita. O que chama a atenção de imediato é que, nesse sistema de escrita, optou-se por uma forma de apresentação não analítica dos sons. Não se trata de uma questão das histórias tradicionais da escrita, que podem descrever estágios evolutivos que tendem a chegar a um modelo mais avançado, ou seja, a escrita fonética e alfabética. Não é o caso dos chineses. Se houve uma escolha para não construir uma escrita que fosse fonética e alfabética, essa escolha foi reiterada.

O caractere chinês não é um ideograma

Diferentemente das letras do alfabeto, os caracteres chineses, que são unidades de base desse sistema de escrita, são signos de sílabas, e não de fonemas. Compostos de elementos separados uns dos outros, os caracteres, ou *zi*, são diferentes tanto da letra quanto da palavra.

O termo *ideograma* deve ser evitado por causar muito mais confusões do que esclarecimentos, uma vez que estão carregados de uma ideologia e de ideias que não se aplicam ao caractere chinês. Desde a unificação instaurada pela dinastia Qin, diversas partes da China que falavam línguas diferentes passaram a ter, obrigatoriamente, uma única escrita. Com isso, seria possível ter acesso a textos, ofícios, prestações de contas etc. em uma escrita que todos podiam ler, mesmo que falassem uma língua que seria incompreensível na fala. Desde então se viu povos que falavam línguas incompreensíveis entre si, mas com uma única escrita. Essa separação entre fala e escrita impressionou os europeus que vivenciavam a perda do lugar do latim como uma língua comum. O fato de encontrarem países de línguas diferentes se comunicando sem problemas através de uma mesma escrita fez com que imaginassem que se tratava de uma escrita com lógica e virtudes formais invejáveis. O século XVII viu alguns filósofos europeus acreditarem que essa escrita diferente representava não palavras, mas coisas e noções, ou seja, ideias. Dessa forma, o ideograma foi imaginado como não tendo qualquer relação fônica, independentemente de qualquer língua falada, sendo uma representação direta de coisas e ideias.

O termo *ideograma* é muito mais o sintoma de um desejo de encontrar uma língua que pudesse dizer a coisa em si do que uma indicação do que é a escrita chinesa. Em função disso, muitos disseram que ela é uma *língua escrita*, ainda nessa suposição de que o ideograma seria um sistema autônomo que não tinha nenhuma relação com os sons da fala. A língua chinesa oferece elementos para pensar uma diferença e até uma separação entre fala e escrita, tanto que Lacan recorreu a ela de modo particular. Mas seria uma inflação do sentido encontrar nela uma língua escrita totalmente separada de uma língua falada. Essa visão que, infelizmente, ainda é amplamente encontrada é efeito de um pensamento que data do século XVII e parece encontrar motivos para se manter em atividade. Esse ponto de vista a respeito da escrita chinesa pautada na crença em um ideograma compromete diretamente a compreensão da pertinência dessa perspectiva no ensino de Lacan. De posse de uma visão de que o ideograma é uma grafia das coisas e das ideias, coloca-o também do campo da representação, de símbolos.

A escrita chinesa não representa as ideias e as coisas, muito menos diretamente; ela é uma língua glotográfica, ou seja, ela representa ou simboliza as unidades de uma determinada língua falada, no caso a chinesa,[12] com suas sutilezas e particularidades. O caractere 河 significa *rio*, lê-se *he*. Porém, se dizemos *um rio, o rio, os rios*, a grafia sempre será 河 sem variação de singular ou plural, sem um artigo definido ou indefinido. Os verbos também não flexionam. Podemos muito bem dizer o verbo *vir*, que se diz *lai* e se escreve 来. Mas, se dissermos *viremos, viermos, vinha, veio, virá, virão* e assim por diante, o chinês ainda dirá *lai* e escreverá 来. Do mesmo modo, não há o verbo *ser*, tão essencial na maioria das línguas. Com isso, digo que não é uma língua nem uma escrita construídas com fins lógicos e universais, ela não transcreve os elementos presentes em diversas línguas. Cada língua responde às condições dos povos que as sustentam.

O ideograma é menos ainda um desenho. Não é possível atribuir a ele a função de um rébus ou de uma pintura; se ele porta uma imagem, ela é menos significativa do que a imaginação a que ele convida. O apoio que Lacan encontrou no rébus e na figuração para esboçar sua noção de letra e da

---

[12] Mesmo que ela seja adotada em diversos países de línguas diferentes, como o Vietnã, a Coreia, o Japão etc., existem aí diferenças que nos interessam – como é o caso específico da língua japonesa que, apesar de não ser glotográfica, e sim aglutinante, adotou a escrita chinesa como sua escrita. Essa diferença entre uma língua falada e outra, no caso o chinês e o japonês, resultará numa operação que interessará a Lacan a ponto de ele pensar num *sujeito japonês*, ou seja, alguém que tem uma língua aglutinante e faz uso de uma escrita feita para uma língua glotográfica.

própria escrita chinesa é limitado a uma influência freudiana. Em momentos posteriores, o apoio que Lacan encontrará no caractere e na escrita chinesa será em outro tom. A página foi virada, da esquerda para a direita.

A escrita não é um desenho

Os caracteres não são desenhos nem se reduzem a pictogramas. Se sairmos de viagem numa estrada que não conhecemos, encontraremos diversos pictogramas que, mesmo que não os conheçamos previamente, ainda servirão de sinalização. Em contrapartida, o sentido dos caracteres chineses não é evidente aos olhos. Não basta olhar para eles para que saibamos do que se tratam. Uma das características do pictograma é que do signo ao sentido não há uma intermediação da língua que é falada. Uma estrada sinalizada com pictogramas orienta pessoas independentemente da língua que falam. O pictograma é qualquer desenho que, colocado sobre uma porta, pode indicar um banheiro masculino ou feminino, mesmo sem estar escrito *homem* e *mulher*, *man* e *woman*, *homme* e *femme*. Nesses casos, há uma relação entre uma palavra e um signo escrito.

Não há uma uniformidade de opiniões entre os linguistas para uma solução a respeito de um termo que possa substituir adequadamente o uso consagrado do vocábulo *ideograma*. Bloomfield (apud SAMPSON, 1996), ao admitir que o segmento falado ao qual corresponde o caractere é uma palavra, e não uma coisa ou uma ideia, escolheu *word-writing* ou *logographic-writing*, escrita logográfica. Um dos principais argumentos para aqueles que defendem essa denominação está no fato de que o caractere chinês nunca renunciou ver no seu signo uma significação. Benveniste (1976) optou por escrita morfemática, por se tratar de uma escrita de morfemas, que são as menores unidades, o menor segmento de um enunciado que tem sentido em virtude de uma correspondência com outra característica da língua chinesa: a de ser morfossilábica. A preferência de Viviane Alleton (2010) é o uso do termo *sinograma*, que me parece interessante por manter uma simplicidade em meio à erudição.

O caractere é uma unidade gráfica e essa unidade não corresponde necessariamente a uma palavra tal como a concebemos. Ainda segundo Benveniste, mais que uma escrita morfemática, o chinês é uma língua morfemática. O morfema é a unidade oferecida pelo sistema linguístico e confere ao domínio do uso individual da língua uma ampla possibilidade de combinações, principalmente no campo da poesia chinesa. O salto dado pelos concretistas – como Mallarmé e, principalmente, Joyce – está inscrito no mesmo domínio da língua chinesa enquanto uma língua e uma escrita morfemática.

O valor de considerá-la como logográfica se dá em função do destaque de que ela não é fonográfica. Isso quer dizer que há uma convivência entre as unidades de escrita e as sílabas como unidades fonológicas, mas não passa disto: uma convivência. Uma sílaba do chinês falado pode representar um número enorme de morfemas com a mesma pronúncia, apesar de terem grafias diferentes. Enquanto uma série de grafias semelhantes (não iguais) representam morfemas cujas pronúncias não são em nada parecidas.

A separação entre fala e escrita

A uniformidade da escrita no território chinês, que fala diversas línguas, não se deve a uma aptidão peculiar e avançada de uma escrita ideal. Ela decorre, em grande medida, da força política centralizadora que historicamente impôs um modelo de escrita sob duras penas. Paralelamente à histórica vontade política da dinastia Qin, houve um desejo de unificação que foi encarnado não por uma língua, afinal, o chinês *são muitos*, mas por uma escrita. A escrita chinesa foi um instrumento de unificação, foi um fenômeno civilizatório, e muitos consideram que a escrita foi a mais importante invenção desse país e seu maior ponto de identificação.

A escrita é tão forte para essa civilização que, mesmo diante da conquista de outros povos, eles não cederam à escrita dos invasores. Durante o período da dinastia dos mongóis, com Gêngis Khan e seu neto Kublai Khan, a dinastia Yuan (1279-1368) sucumbiu às tentativas de eliminar a escrita chinesa, através da inserção de caracteres que pudessem registrar os sons do mongol. Eles tiveram que ceder e se submeter à escrita do conquistado. O caso mais emblemático é com a dinastia Qing, dos manchus que dominaram a China de 1644 a 1912 – essa foi a última dinastia. Depois de tentativas de criar uma nova escrita, suprimir e modificar a escrita chinesa, os manchus também se curvaram e passaram a adotar a escrita chinesa como se fosse a sua própria. Talvez esses sejam, se não os únicos, dos poucos casos na história em que o conquistado conquista os conquistadores. A capa do Seminário 18, *De um discurso que não fosse semblante*, é um exemplo perfeito disso. Primeiro, porque aborda claramente a dimensão e o peso que a escrita tem para os chineses, como um passo para que Lacan conferisse a ela uma importância até então inédita na psicanálise. O segundo fator é mais sutil, mas não menos brilhante. A capa desse Seminário é a pintura de um imperador chinês que não é chinês, é manchu, mas que se cerca dos semblantes chineses, principalmente daquele que é o maior dos semblantes que o fariam parecer um chinês. *De um discurso que não fosse semblante* traz na capa um imperador manchu fazendo semblante de chinês com a escrita.

Sem que se configure uma total independência entre uma língua falada e outra escrita, o chinês oferece ao psicanalista lacaniano um terreno ainda mais instigante que ao linguista. No plano fonológico, a unidade essencial é a sílaba. Quando representadas numa frase, cada sílaba receberá um caractere correspondente que terá um sentido. Em chinês, uma sequência de dez sílabas forma o equivalente a uma frase de dez palavras, ou mais propriamente dizendo, de dez caracteres. Contudo, há um grande fosso, uma grande fenda que marca um desequilíbrio que não é tão evidente nas escritas fonéticas e alfabéticas: o desequilíbrio entre o zi (caractere chinês) e as sílabas disponíveis na língua. O número de zi, que são as menores unidades significantes e monossilábicas no seu aspecto fônico (daí a noção de morfema), segundo consta no *Hanyu Da Zidian* – grande dicionário dos zi chineses –, é de não menos de cinquenta e quatro mil. Ao passo que o número de sílabas de que a língua dispõe não é maior que mil e duzentas (XIAOQUAN, 2007). Isso dá uma média de aproximadamente quarenta e cinco palavras diferentes para cada som, para cada sílaba disponível.

É importante lembrar aqui que a maioria das palavras, principalmente no chinês tradicional, é monossilábica (*zi, lu, shang, jing, song, ming, hui, hao, ma, dao, fei, ya, yin, yang* etc.). Portanto ocorre inevitavelmente uma abundância de homofonias. Se uma sílaba for ouvida fora de um contexto, não será possível saber qual caractere lhe é correspondente. Nesse caso será como ouvir uma língua estrangeira em que não se sabe o significado da sílaba ouvida. Por exemplo, a sílaba *hé* pode ser tanto *núcleo, origem,* quanto *curso d'agua*: 和, 喝, 合, 河, 禾, 核, 何, 贺, 呵, todas essas são formas diferentes de escrever a mesma sílaba *hé,* com significados diferentes em cada caractere, e essas não são todas as variações disponíveis para essa sílaba.

Enquanto nas escritas alfabéticas as letras transcrevem – não perfeitamente, mas satisfatoriamente – os fonemas, em chinês "o signo gráfico representa a totalidade do signo linguístico, isto é, ao mesmo tempo sua face fônica e sua face semântica" (ALLETON, 2010, p. 18). É impraticável ditar sílabas aleatórias sem que haja um contexto ou indicações inequívocas de qual caractere se aplica a determinada sílaba. A escrita chinesa dos caracteres aparece como uma medida para tratar o real da homofonia à qual a língua expõe o sujeito.

A necessidade de reduzir a ambiguidade excessiva coube, em grande parte, à escrita. Porém, isso foi feito com um tipo de escrita que mantém um laço bem frágil com a pronúncia. A princípio, a grafia dos caracteres está mais a serviço do sentido do que da pronúncia. Os elementos fônicos não são, via de regra, precisos; não fornecem mais do que uma indicação aproximada do som pronunciado. Entretanto isso não a descaracteriza como uma escrita. O que caracteriza que um símbolo seja considerado uma escrita em relação a uma língua, em meio às outras possibilidades de signos, é a correspondência de cada termo escrito com sua expressão oral. Isso em qualquer tipo de escrita, alfabética ou sinográfica. Na alfabética, cada letra corresponde a um fonema; no chinês, cada caractere corresponde a uma sílaba dotada de sentido. Tanto em um quanto em outro, cada signo gráfico se dispõe na superfície em que é escrito na mesma ordem da frase que é falada. Numa sucessão de letras ou caracteres em que a sucessão corresponde à ordem do enunciado oral, de fonemas (escritas alfabéticas) ou de sílabas significantes (escrita chinesa), existe, portanto, uma escrita, e não uma pintura simbólica ou um sistema de representação fechado (ALLETON, 2010). Para que haja escrita, a leitura deve corresponder estritamente ao enunciado oral. Ler um texto é diferente de ver um quadro ou uma figura. Não é por aí que se pode localizar a diferença da escrita chinesa com a alfabética, pois ambas são escritas e correspondem à fala.

Supor uma total independência da escrita dos caracteres em relação à fala é lançá-los novamente no ideal de uma lógica formal ou reduzi-la a meros desenhos figurativos.

A sílaba é o significante, enquanto o caractere é a grafia de uma sílaba dotada de sentido. Nesse caso, o caractere é um signo; no sentido saussuriano, é um conjunto completo de som e sentido, significante e significado; o que é um problema, pois isso estaria a favor de Saussure, e não de Lacan. Como Lacan poderia se valer da escrita chinesa para ir contra os linguistas se apoiando num signo a exemplo do signo linguístico saussuriano? Mesmo sendo um signo, ele abre caminho para uma questão de interesse para a psicanálise, pois é um signo completo indivisível, que tem efeitos de ruptura.

A sílaba *shi,* no quarto tom (existem atualmente quatro), possui pelo menos dezenove signos diferentes. Um único som, uma única pronúncia, que pode suscitar dezenove caracteres, cada um sendo um signo (significante e significado) diferente: enxugar, saber, sufixo de nome próprio, ser, poder, mundo, juramento, deixar, letrado, negócio, amar a, ver, zelar por, contar com, mercado, tentar, ir a, explicar, casa (Alleton, 2010). Isso quer dizer que é possível transmitir uma mensagem com um único caractere, como de fato o fazem, seja em telegramas ou bilhetes. Por outro lado, ao dizer uma sílaba isolada, dificilmente ela será compreendida.

Com frequência dizemos que a língua chinesa é monossilábica. Lacan ao se referir a essa condição peculiar, diz do chinês: "como todas as palavras são monossilábicas, não diremos que existe o fonema que não quer dizer nada e, depois dele, as palavras que querem dizer alguma coisa" (Lacan, 2009, p. 45). Isso não está de todo errado, nem de todo certo. Primeiro, porque está inteiramente correto que toda sílaba, em chinês, tem um sentido. Lembremos que uma frase com dez sílabas é composta por dez caracteres e cada um representa uma sílaba e tem um sentido. Não é, portanto, cada fonema. É cada sílaba. A letra já foi pensada como articulada ao fonema, ao passo que pensá-la articulada à separação entre fala e escrita pode conduzir a elevar o fonema para o centro do debate, mesmo que, de fato, no exemplo, não se trate dele. Digamos que Lacan, ao errar com a língua chinesa substituindo *sílaba* por *fonema*, acertou no ponto da questão que estava formulando até chegar à *Lituraterra*.

Há uma dificuldade de pensarmos a língua chinesa com o nosso costume de pensar a palavra. Muitas vezes essa correlação pode ser verdadeira, outras não. Podemos falar *avião* com uma palavra, o que sugeriria que em chinês encontraríamos uma sílaba que significa *avião* e assim uma sílaba seria igual a uma palavra. Porém, *avião* se escreve com dois caracteres, um significando *máquina* e outro *voar*, para formar *máquina de voar*. Se são dois caracteres, são duas sílabas que formam um dissílabo, e não um monossílabo. Ainda existe um grande número de palavras e nomes monossilábicos em chinês, mas é provável que os dissílabos já sejam a maioria atualmente.

A afirmação categórica de Lacan pode ter sido motivada por dois fatores. O primeiro é que era usual, como hoje ainda é, classificar o chinês em termos de monossilabismo. O segundo é que os textos que Lacan sempre estudou, mesmo antes, mas principalmente com François Cheng, eram os textos clássicos, os cânones. Esses eram escritos em chinês tradicional, e não simplificado. Neles, sim, na grande maioria das vezes, cada caractere correspondia a uma palavra, daí o monossilabismo.

Um texto com trinta caracteres é composto pelo mesmo número de sílabas, cada qual com seu respectivo sentido. Porém, em decorrência de combinações descritas anteriormente, pode-se ter um número diferente de palavras. Numa escrita alfabética, um agrupamento de sílabas que forma uma palavra é separado de outro por um espaço. Não há espaço entre sílabas, apenas entre palavras. Na escrita chinesa, cada caractere é separado de outro por um espaço igual, nunca variável, independentemente se ele tem um sentido sozinho ou se assume outro sentido formando uma palavra dissílaba. Ou seja, cada caractere ocupa um espaço igual, não havendo caracteres maiores ou menores, a despeito do número de traços que o formam, assim como não há espaços diferenciados entre cada caractere. O resultado disso é que é preciso conhecer a língua e, a todo o momento, se encarregar de fazer interpretações para extrair o sentido de um texto. O que não é feito sem uma dose de ambiguidade.

A escrita dos caracteres é feita de regras rígidas, o que exige uma cota a mais de disciplina no uso do corpo para a execução dos traços. A estrutura da escrita permaneceu idêntica por mais de dois mil anos, ocorrendo apenas pequenas mudanças nas formas. Os caracteres, tal como conhecemos, existem desde a dinastia Han[13] (de 206 a.C. até 220 d.C.) e não permitem variações individuais em suas construções. Seus traços têm uma forma e uma sequência rígidas, inclusive na direção que um traço deve ter, por exemplo: todo traço vertical deve ser feito de cima para baixo. Um traço escrito fora da sequência estipulada é considerado um erro de ortografia. A forma dos traços se desenvolveu bastante desde a adoção do pincel como o principal instrumento para a escrita. Esses elementos devem ser observados se alguém quiser entender o que Lacan disse a respeito do traço único do pincel em Shitao. A rigor, um caractere pode ser composto de um traço único, como 一 *yi* (um), ou chegar a ter

---

[13] Essa dinastia dá o nome da língua chinesa para os chineses. Enquanto nós chamamos a língua chinesa de *mandarim* eles a chamam de *han yu* e os caracteres de *han zi*.

mais de vinte e cinco traços, embora a média aproximada seja de quinze.

O uso do pincel possibilitou que algumas formas fossem decisivas, em virtude do movimento feito pelas mãos. A escrita chinesa, graças a diversos fatores, sempre exigiu uma disciplina corporal mais evidente do que a prática das escritas alfabéticas, seja por um sentido mítico, de status e poder, seja pelas origens divinatórias, por ser, em alguma medida, um emblema (GRANET, 2008), ou ainda por ser um traço identificatório de um povo. O fato é que a sua prática sempre foi revestida de um valor. Isso é elevado a proporções bem maiores quando se trata da caligrafia propriamente dita.

De um modo geral, um caractere pode ser simples ou composto (formado por dois ou mais caracteres simples). Existem caracteres que, em suas origens, eram pictogramas, como o que representava o sol como um círculo com um ponto no meio, ou a lua, imitando o formato de uma lua crescente. Porém, na medida em que a escrita apaga algo do desenho, eles se tornaram diferentes de um pictograma, mesmo que em alguns se possa supor uma forma anterior como se fosse um palimpsesto. Por exemplo, hoje *sol* se escreve 日, *ri*, a forma circular e o ponto central foram substituídos por formas mais retas e um traço no meio. *Lua* se escreve 月, *yue*, em que a forma da lua pode ser sugerida no contorno e na ponta do primeiro traço vertical da esquerda para a direita. Para dizerem *luz*, *brilhante*, reúnem-se esses dois caracteres, mas não conservam nenhuma das duas pronúncias, nem *ri*, nem *yue*, mas sim *ming*, escrito assim: 明. Esse é um caso em que um caractere é formado por dois outros que lhe doam sentido, mas não a fonética. Sol e lua irradiam a luz, daí *luz* e *brilhante*. Contudo o entusiasmo de muitos não vai longe, uma vez que esses caracteres representam não mais do que cinco por cento do total existente.

Mesmo assim, o que serve para complicar ainda mais as tentativas de simplificações excessivas é que existem morfemas polissêmicos. Por exemplo, *ri*, que quer dizer *sol*, 日, pode, por extensão, significar *dia* enquanto uma unidade de tempo.

O caso mais comum, no entanto, é aquele em que, num caractere composto, um ou mais doam sentido e pelo menos um doa a pronúncia. O exemplo dado por Alleton (2010) é bem ilustrativo: *sang* (goela) se escreve 嗓, formado por um elemento fonético, cuja pronúncia é a mesma *sang* que quer dizer *amoreira*, 桑, associada à chave *kou* que quer dizer *boca*, 口.

$$嗓 = 桑 + 口$$

Goela não tem nenhum sentido que se aproxime de uma amoreira. Quando foi necessário escrever "goela", por terem a mesma pronúncia (*sang*), optou-se por usar o caractere 桑 para escrever seu homônimo, acrescentando uma chave para diferenciar um do outro. Acrescentando a boca ao lado, 嗓, permanece a homofonia, mas é possível discriminá-los pela escrita. *Sang* é tanto 嗓, quanto 桑.

Mas não para por aí. O caractere que funciona apenas como um elemento fonético não empresta nenhum sentido, apenas o fonema, ou, mais precisamente, a pronúncia. Contudo o caractere 桑, fonético, é também formado por outros caracteres, por exemplo, *mu* (madeira), que indica tudo que é árvore ou que tem a ver com madeira, 木.

$$桑 木$$

Nesse caso, não há maiores implicações, mas podemos ter uma ideia de como os poetas, ao fazerem o forçamento da língua, puderam fazer uso dessas variações e versatilidade gráfica dos caracteres. Puderam fazer combinações, torções e formações que lembram muito Mallarmé, Cummings, Pound, a poesia concreta brasileira, as poesias imagistas e principalmente James Joyce.

Assim, uma imagem pode emprestar a outro caractere não só sua imagem, mas também seu som. Ou seja, diante de uma palavra nova a ser grafada, não se inventam novos traços, cria-se uma combinação de caracteres já existentes, que, com sua imagem, emprestarão a característica que funcionará como um elemento fonético, sem o sentido e sem o significado. Uma imagem lida pelo som, uma figuração com valor de elemento fônico. Esse empréstimo pode ser considerado um "empréstimo-rébus" (ALLETON, 2010). Esse procedimento de formação de um novo caractere por um empréstimo que funcione nas bases de um rébus não faz do próprio caractere um rébus. "Por exemplo, o caractere *fu* 'morcego' serve para escrever *fu* 'felicidade', mas não pode ser empregado para nenhuma das outras palavras ou morfemas que se prenunciam igualmente *fu*" (ALLETON, 2010, p. 42).

Enfim, há na língua chinesa elementos suficientes para localizar um fosso entre a língua falada e a língua escrita. Os chineses não se comunicam melhor ou pior com a língua que têm, ela lhes serve bem. A distância entre a fala e a escrita não favorece ou dificulta nada em especial para um chinês de modo a torná-la uma figura paradigmática. Cada língua tem suas particularidades, mas são, ainda assim, línguas faladas, vivas.

Georges Mounin escreve uma crítica à teoria de Lacan a respeito do significante aproximadamente um ano após a publicação dos *Escritos*. No Seminário 18, Lacan responde às críticas mostrando que um analista escuta da escrita e da língua, principalmente da primeira, mais do que um linguista poderia. Se Humboldt e Hjelmslev, também linguistas, foram a base para tais questionamentos de Mounin, Lacan se vale dos mesmos para recolocar a questão.

Quando Lacan fala que todo fonema quer dizer alguma coisa, refere-se ao morfema. Dessa forma, com um pequeno ajuste, poderia ser lido mais ou menos assim: sendo uma língua morfemática, não há uma sílaba que não quer dizer nada, não é preciso esperar uma segunda articulação para que isso signifique alguma coisa.

Cada sílaba, não fonema, tem um caractere que o corresponde, ou seja, um morfema:

也 仍 旧 保 存 着 动 词 的 某 些 性 质.

Temos nesse exemplo[14] treze caracteres. Portanto treze sílabas dotadas de sentido, treze morfemas, que em pinyin são transcritos assim:

yě réng jiù bǎo cún zhe dòng cí de mǒu xiē xìng zhì.

Um texto lido não se limita a uma leitura de caractere por caractere, da sílaba com seu sentido, uma a uma. Muitas sílabas são reunidas para formarem "palavras" que podem não ter nenhuma relação com o sentido que cada sílaba, isoladamente, possuía. As pontuações ou aproximações espaciais entre os caracteres terão que ser um *ato de leitura*. Isso não está totalmente explicitado na regra.

A mesma frase, escrita em caracteres chineses, como mostrado acima, deverá, contudo, ser lida assim:

yě réngjiù bǎocúnzhe dòngcí de mǒuxiē xìngzhì.

---

[14] Extraído de uma citação de um livro de gramática, feita por Viviane Alleton (2010). Reproduzo apenas a frase final com a finalidade de ilustrar o que Lacan se refere.

Só então a frase poderia significar algo na tradução que faça sentido para a língua portuguesa: elas conservam (*bǎocúnzhe*) também (*yě*) ainda (*réngjiù*) certas (*mǒuxiē*) características (*xìngzhi*) dos (*de*) verbos (*dòngcí*).

O Seminário 9, *A identificação*, também é um seminário em que é marcante a abundância de referências tanto à língua quanto à escrita chinesa. Lacan fará uma passagem pela escrita chinesa para pensar a articulação da escrita com a linguagem e da letra com o significante.

Para que seja possível, em termos de significante, suportar a sentença de que $A = A$, é preciso supor nesse significante algo que comporte uma identidade, ou seja, uma letra. Antes definida como o suporte do significante, aqui aparece como *essência*. Há um deslocamento entre suporte e essência. Passar a chamar a letra de *essência* muda algumas coisas, mas não tudo. Lacan não muda a proposição freudiana de que a escrita seja primeira. No Seminário 9, a escrita tem uma anterioridade em relação à linguagem. Contudo o recurso à fonética reduz seu peso. Lacan passa a pensar a letra não tanto como articulada ao fonema, podendo vir daí a extensa referência a uma escrita não alfabética e não fonética durante esse seminário. Lacan ainda não muda a anterioridade da escrita em relação à linguagem, mas inicia o que se tornará um corte. Ele inicia um trajeto que o permitirá dizer, mais à frente, que não há uma hierarquia entre fala e escrita, assim como não há entre os registros real, simbólico e imaginário. A escrita chinesa se apoia justamente nisso. A escrita não está a serviço da fala, meramente como uma forma de notação dos fonemas. Ela exige uma independência do fonocentrismo grego, mas não um isolamento.

Na passagem do Seminário 18, na crítica ao linguista Georges Mounin, vemos como Lacan pode recorrer à língua chinesa para demonstrar sua teoria do significante. Analogamente, uma língua em que uma mesma palavra pode ser um verbo, um adjetivo, um advérbio, um pronome e uma simples conjunção, já é suficiente para falar do significante. Isso não o impedirá de usá-la para falar da letra e da escrita sem que isso seja uma contradição ou inconsistência.

A letra como essência do significante convida a uma outra metáfora, que será cara a Lacan, para falar da relação entre escrita e linguagem: osso e carne. O deslocamento entre suporte e essência é correlato de um deslocamento do fonetismo ao corpo. A letra enquanto essência do significante faz alusão a uma metáfora buscada no organismo, em que a escrita é o osso e a linguagem é a carne. Esse trajeto tem, no Seminário 9, um grande impulso, de tal modo que se tornará difícil pensar a letra e a escrita desconectadas da dimensão do corpo, tal como o gozo e a pulsão. A letra como essência do significante é um passo dado na inscrição da letra no corpo sem deixar de tocar a dimensão da linguagem.

O traço (da letra) do caractere chinês e da caligrafia é inseparável de uma experiência com o corpo e com o movimento da pulsão. Ele coloca em evidência o que é mascarado pela escrita alfabética e fonética. Ao ser a notação dos fonemas, fornecendo menos que três dezenas de sinais que poderão transcrever os sons da fala, a letra do alfabeto perde a força de suas formas que só são observadas se forem reinterpretadas pela nossa *caligrafia* ou pelas obras de poetas que brincam com essas formas como e.e. cummings, M a l l a r m é, *Appolinaire* e *JamesJoyce*. Fora essas releituras, a imagem da letra sucumbe à sua função de fazer a notação dos sons e fonemas. A escrita sinográfica, ao contrário, mantém a força do *traço*.

A letra é a essência do significante, justamente por onde ele se distingue do signo. A letra é uma essência que não se presta a atribuir um significado, nem uma significação ao significante, o que o transformaria num signo. Exatamente nesse momento, no curso do Seminário 9, Lacan traz a noção da caligrafia chinesa.

A despeito do nome e não sem alguma ironia, mesmo que involuntária, a letra tem seu valor evidenciado em razão das particularidades do caractere chinês. Onde encontramos *letras* na escrita alfabética, que deveria, em tese, ser o melhor local para entendermos o valor da letra, é onde esse valor é mais mascarado. Por isso digo que há uma ironia em encontrar o valor da letra numa escrita que não possui letras.

Com a referência à caligrafia, Lacan dá um passo a mais na noção de escrita, a começar pelo uso do pincel. Muita coisa adveio a partir do momento em que ela passou a ser feita com pincel e tinta. As formas, não só dos caracteres, como também de alguns traços que os compõem, são alcançadas apenas com o uso de um pincel.

É apenas com uma dose de imprecisão que podemos chamar a *arte da escrita* chinesa de *caligrafia*. Ela é uma das mais altas e emblemáticas formas de manifestação artística tanto para os chineses quanto para os japoneses que a herdaram. A *arte da escrita* chinesa é mais que um exercício estético, é uma prática do movimento carregada intrinsecamente das noções mais centrais do pensamento chinês. É difícil para um ocidental ter a exata medida do seu peso. Uma fotografia tirada em 1905 mostra uma grande rocha em formato de painel em um dos mais famosos santuários budistas do sul da China, com um pequeno altar à frente e uma senhora ajoelhada diante do painel de rocha; nele está escrito o caractere *fo*, 佛, ou seja, Buda. O caractere não está escrito no estilo regular, mas no estilo *xingshu* (caligráfico). Não há a imagem do Buda, mas um caractere escrito no estilo de uma caligrafia que ocupa o lugar do próprio Buda.

A caligrafia está inserida dentro do contexto das belas-artes (BILLETER, 2005), estando ao lado da música, da poesia, da pintura e, talvez, acima delas.[15] O que costumamos chamar de *caligrafia* – uma forma de escrita estilizada, aplicada e particularmente regular, com a presença maior ou menor de ornamentos ou de formas tipográficas – não se aplica àquilo que chamam de *arte da escrita*. Para nós a caligrafia é uma arte menor e desprovida de algum sentido que ultrapasse um uso limitado da sua dimensão estética. Ela chega a ser impessoal, pois, em função da aplicação técnica, ocorre a eliminação de quaisquer traços que possam ser individuais. A "caligrafia chinesa" vai numa direção totalmente oposta. Tudo aquilo que chamamos de caligrafia está, necessariamente, em oposição àquilo que eles chamam de *shufa*, 书法, que significa *arte da escrita*.

Ela também pode ter um aspecto de uma obra de arte e caráter decorativo, que está associado a um status ou a uma dimensão religiosa. Mas não é tudo. O interesse, ou melhor, a preocupação do praticante dessa arte maior é unicamente dar vida aos caracteres sem forçá-los a nada. Para tanto, uma técnica que vise puramente à estética e à dimensão decorativa do caractere, bem como à sua mais restrita perfeição de formas, está inteiramente banida. A busca é pelo *movimento*, e não pela forma final.

Por isso que grande parte das obras escritas a seu respeito, vindas dos próprios executores, é carregada de uma descrição altamente lírica, uma vez que, na prática, o que procuram é colocar toda a sensibilidade no gesto.

---

[15] Essa é a opinião de Jean François Billeter; enquanto, para François Cheng, seria a pintura a arte suprema em virtude de que, com frequência, uma pintura porta tanto uma caligrafia quanto uma poesia. É comum na pintura chinesa haver, no mesmo quadro, uma poesia escrita caligraficamente junto com a paisagem pintada.

É uma tentativa constante de dar forma a uma enunciação em que o enunciado não é o fim nem a causa. O artista visa, na escrita da caligrafia, encontrar uma enunciação pelo movimento do corpo que tem o pincel e a tinta como suas extensões.

Novamente uma cena do filme *Herói*: quando Espada Quebrada escreve a caligrafia de uma vigésima forma do caractere *Espada*, quando escreve esse significante novo, o diretor se esforça para demonstrar o envolvimento de todo o corpo na caligrafia; o corpo move-se como numa dança, ou num paralelo com os movimentos de luta que outros dois personagens executam para livrar a escola de caligrafia das flechas do imperador *Qin Huangdi*. Os movimentos dos cabelos, ao executar a caligrafia, são análogos aos movimentos das cerdas do pincel. O corpo e o pincel se misturam num paralelismo próprio à poética chinesa, um metaforizando o outro. Ora o corpo é o pincel que se move sobre a superfície a ser escrita, ora é o pincel que assume a forma do corpo que sangra (a tinta vermelha fora exigida, e não a preta habitual) ao escrever o caractere *Espada*. A escrita termina simultaneamente à cessação dos movimentos que bloqueavam as flechas no telhado. Antes dessa cena, quando a escola começou a sofrer os ataques, os estudantes começavam a fugir quando se deparam com o mestre de caligrafia, que os impede de sair, dizendo: "Voltem! Eles verão a força que tem a nossa escrita". Em seguida ele se senta em meio às flechas e inicia uma caligrafia, gesto que é seguido pelos discípulos, mesmo que tenha custado a vida de alguns, que morreram segurando o pincel e executando uma caligrafia. As cenas valem menos por serem inverossímeis do que pela verdadeira verossimilhança que evocam. A nossa caligrafia não inspiraria cenas assim nem mesmo em Hollywood.

A arte da caligrafia chinesa é essencialmente uma arte do movimento. Se Lacan se interessa por ela, não é pela forma final do escrito, mas pela dimensão que implica o corpo e, mais especificamente no Seminário 9, o tratamento que dá ao traço.

A caligrafia que Lacan levou para essa lição do Seminário continha:

> Na coluna da esquerda, a caligrafia desta frase que quer dizer: *a sombra de meu chapéu dança e tremula sobre as flores de Hai Tang*; do outro lado, vocês veem escrita a mesma frase em caracteres mais comuns, os mais lícitos, os que um estudante hesitante faz quando escreve corretamente seus caracteres. Essas duas séries são perfeitamente identificáveis, e, ao mesmo tempo, não se assemelham em nada (LACAN, 2003, p. 58).

Desde o surgimento e desenvolvimento do pincel, observou-se o início de um estilo novo de escrita, própria aos funcionários do Estado, que foi chamada *lishu*. Ela apresenta variações na espessura dos traços, aumentando também a proporção entre eles, tornando-os mais largos do que compridos, como eram até então. O estilo *lishu* é que substitui o uso das linhas curvas pelo uso dos traços na escrita chinesa desde a unificação da China. A escrita chinesa que conhecemos é justamente essa, a do estilo *lishu*.

Por volta do começo da nossa era, surgiram outros estilos, como o *caoshu*, o *xingshu* e o *kaishu*. Resumidamente, o primeiro acabou se tornando uma espécie de abreviação que logo se tornou uma arte abstrata, sendo inteligível apenas para os iniciados, inútil para uma comunicação. Neles, os traços perdem sua individualidade tornando-se ligados, ou seja, passou-se a escrever todo um caractere com um único gesto, podendo ligar os demais caracteres entre si, chegando a escrever toda uma coluna com uma única aplicação do pincel. Se levarmos em conta que cada caractere é formado por até pouco mais de vinte e cinco traços – embora, repito, a média seja de quinze – de direções, extensões e formas distintas, podemos ter uma leve ideia do que seria escrever toda uma coluna, como se fosse nossa linha, num único movimento de pincel sem retirá-lo da superfície em que se escreve. Esse é, portanto, o estilo *caoshu*. No estilo *xingshu*, também chamado de escrita cursiva, os caracteres conservam todos os seus elementos e continuam distintos uns dos outros, embora traçados rapidamente, fazendo com que alguns traços sejam ligados entre si e alguns ângulos se tornem mais arredondados. Ele se mantém legível apesar das mudanças, ao contrário do *caoshu*. O problema é que nem sempre é tão fácil diferenciá-los, podendo, numa mesma escrita, passar de um para o outro quase imperceptivelmente. Essa confusão faz com que muitos acabem chamando o *caoshu* de *escrita cursiva*, sendo que na verdade essa denominação se aplica ao *xingshu*.

Uma das duas colunas levadas por Lacan é escrita em estilo *caoshu* e a outra em estilo *kaishu*. Este último é o estilo regular, cujo intuito é explorar ao máximo as qualidades harmônicas do *lishu*: regular, geométrico, inflexível, tornando-se, por isso mesmo, a norma da escrita chinesa. Quando falamos de escrita chinesa sem que haja alguma especificação para diferenciá-la, pode-se automaticamente entender que se refere à *kaishu*, que melhorou e harmonizou a estética da escrita *lishu*.

Ao apresentar duas colunas com caracteres chineses, uma no estilo *caoshu* e outra no estilo *kaishu*, Lacan fez uma provocação interessante. Um conhecedor identificaria que se tratava de duas frases idênticas escritas em estilos diferentes. Para um falante do chinês que não fosse um iniciado no *caoshu*, seria possível ler a coluna com o *kaishu*, mas não a outra, restando apenas especular se seria ou não a mesma. Enquanto um ocidental que não pratica o chinês não hesitaria em dizer que estava diante de duas escritas diferentes.

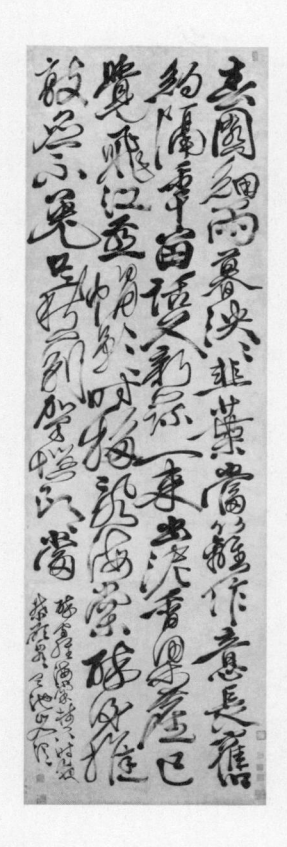 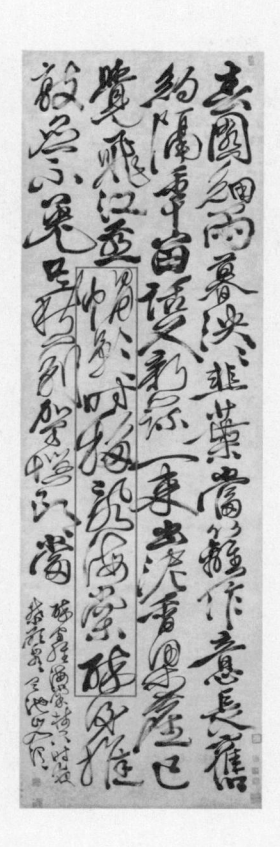

Trata-se de um poema em forma de caligrafia de um poeta, pintor e calígrafo chamado Xu Wei, da dinastia Ming. A sequência citada por Lacan envolve apenas sete dos cinquenta e seis caracteres que compõem o poema. São os sete últimos da terceira coluna, lembrando que deve ser lida de cima para baixo e da direita para a esquerda. O estilo da ilustração acima é em *caoshu*. Os sete caracteres em destaque serão transcritos, tal como o fizera Lacan, no estilo *kaishu*, da direita para a esquerda, porém na horizontal:

帽　影　时　移　乱　海　棠
mào　yǐng　shí　yí　luàn　hǎi　táng

Como podemos observar, é fácil entender o intuito de Lacan:

帽 影 时 移 乱 海 棠

As duas sequências idênticas são, de fato, aparentemente diferentes. A tradução oferecida por Lacan é: *a sombra de meu chapéu dança e tremula sobre as flores de Hai Tang*. No poema de Xu Wei, não há um caractere que indique *flores*, como na tradução de Lacan. Para além da liberdade que Lacan se deu a acrescentar um significante onde não há, numa tradução livre por demais, ressalto que essa não é a única vez que ele toma tal liberdade em relação às transcrições chinesas. O que será notório no Seminário 18. Por outro lado, nos espaços vagos da língua chinesa, com uma escassez de conectores, especialmente se comparada ao modo da construção das frases indo-europeias, Lacan, enquanto leitor, introduz um significante que não consta na escrita ao fazer uma tradução.

As duas frases escritas em estilos diferentes, sendo, contudo, a mesma frase, com os mesmos caracteres, têm por função introduzir o que faz a essência do significante: o traço unário. Isso indica que a diferença significante não é uma diferença qualitativa. Cada traço que não é idêntico ao outro, é, portanto, diferente; o que não implica que funcionem como diferentes. Qual é a distinção manifesta no traço unário? É a de uma identidade que não é fundada na semelhança, no esquema da similitude. Os significantes manifestam a presença da diferença como tal ao apagarem a relação do signo com a coisa. Há uma rasura na relação do signo com a coisa e o significante está lá para tornar manifesta essa diferença. Mesmo que essas diferenças não passem de semblantes, ainda assim, só vêm à luz mediante o apagamento da coisa.

Está em questão a repetição do automatismo de repetição e do sintoma. Para Lacan, o que de fato repete, a despeito das diferenças aparentes, é a letra. O comportamento que se repete, mesmo que traga pequenas diferenças, mostra em que ponto há uma conexão entre eles. Não é na semelhança que se faz a identidade que os identifica como uma repetição, mas o traço que escapa a esse jogo de semblantes, a letra.

Tal como nas duas frases, em *caoshu* e *kaishu*, é preciso saber ler para que não escape que o cerne está no traço e na letra, e não nos semblantes. Deve-se ler o que há de *único*, de *unário*, não as semelhanças e dessemelhanças dos semblantes. A letra e o traço que repetem são apagados, obliterados, pela presença do significante que se inscreve na mesma repetição. O nome do que o sujeito é, enquanto sujeito da enunciação, tem como caráter distintivo a letra, a escrita, e não os semblantes que povoam suas sentenças e enunciados. De certo modo, qualquer leitor da escrita chinesa se vale da interpretação como ato de leitura. O caractere 说 significa *falar*, mas não há nada nele que permita saber imediatamente que seja isso. Para tanto, é preciso aprender o que ele significa. Um dos significantes em mandarim que significa *falar* é *shuo*. Temos um significante, fonema, *shuo*, e uma grafia que indica o sentido, 说. A diferença com as escritas fonéticas é que qualquer um pode ler *shuo*, mesmo que não saiba o que significa, fazendo uso dos elementos fonéticos de que dispõe. Porém não há nada que ligue 说 e *shuo*, a não ser uma interpretação.

Equivocidade e materialidade da escrita chinesa

Para demonstrar tanto o jogo de articulação e desarticulação entre fonetismo e escrita quanto essa *articulação giratória* entre sentido e equivocação presentes na relação entre escrita e linguagem, Lacan apresenta uma longa série de caracteres chineses. Essa apresentação feita por ele é relativamente extensa, um tanto exigente, podendo ser cansativa para quem não se interessa tanto pelas particularidades dessa língua.

Parece complicado, mas não é. Lacan apresenta apenas sete caracteres, que servirão para demonstrar as virtudes combinatórias da escrita chinesa. Os caracteres apresentados são os seguintes, em ordem de aparecimento na lição do dia 24 de janeiro:

可 口 大 人 奇 椅 马

Lacan começa com *ke*, que significa *poder* e se escreve 可. Lacan chama a atenção para o apoio em uma figuração na raiz do caractere. 可 significa *poder* e ao mesmo tempo serve de elemento fonético para outras tantas palavras que também se pronunciam *ke*. O que parece um quadrado 口, sozinho, chama-se *kou*, que significa *boca*.

Está em jogo a equivocidade intrínseca aos caracteres chineses: 可 pode ter uma base figurativa evocando um movimento da fala, significa *poder*, não tendo nenhuma relação com a imagem, mas ao mesmo tempo porta o elemento 口 (boca) e serve de elemento fonético para outros caracteres. Dá para se ter uma ideia do que Lacan procura nos dizer.

Homem se diz *ren* e se escreve 人, com uma figuração alusiva de um homem caminhando.[16] Se acrescentarmos um traço superior horizontalmente, 大 se torna algo diferente tanto na pronúncia quando no significado. 大 significa *grande* e se diz *da*. Se agora colocamos esse caractere que significa *grande*, 大, logo acima do *poder*, 可, teríamos semanticamente *grande poder*, 大 e 可, e foneticamente seria *da ke*. Correto? Não! Novamente, se faz presente aqui a ambiguidade e a equivocidade desses caracteres. De fato, *da* é *grande* e 大, e *ke* é *poder* e 可; mas, ao juntá-los formando 奇, não se tem a conjunção fonética *da ke*, mas sim o significante *ji*. De igual maneira, o seu significado nada tem a ver com *grande poder,* apesar de os caracteres que formam 奇 (大 e 可) significarem *grande* e *poder* separadamente. Lacan traduz *ji*, 奇, como segue: "sou forçado a traduzi-la por *ímpar*, no sentido em que a palavra ímpar pode tomar de *deslizamento*, de *erro*, de *falha*, de *coisa que não acontece*,

---

[16] Lacan diz que é um homem sem os braços. Tal interpretação é possível, mas o mais habitual é considerá-lo uma estilização da figura de um homem curvado em posição de reverência.

que manca, em inglês tão lindamente ilustrado pela palavra *odd*" (Lacan, 2003, p. 139).

O caractere 木 significa *árvore* e é a chave para qualquer caractere que envolva *madeira*. Ele é chamado *mu*. Se acrescentá-lo ao *ji*, 奇, teremos 椅, que se pronuncia *yi* e serve para designar *cadeira*. Ou seja, nada tem a ver com a junção fonética ou semântica dos caracteres que o formaram. Por último, o caractere 马,[17] que se diz *mǎ*: "Se colocarem aqui, no lugar do signo da árvore, o signo de cavalo, 马 [*ma*], isto quer dizer instalar-se escachado" (Lacan, 2003, p. 139). Em outras palavras: se colocar montado ou se colocar numa montaria.

Através das várias formas de combinação que a escrita chinesa possibilita, Lacan pôde fazer uma demonstração do uso sistemático da letra naquilo que ainda chama de uma função significante. Quando ele diz que fez uso sistemático da letra em sua função significante, deixa entrever que ainda há uma confusão entre as duas noções. De qualquer modo, é perceptível o fim dessa exposição da versatilidade dos caracteres chineses que viabilizam a colocação em cena de um edifício lógico em que tanto a semelhança quanto a diferença não são suficientes para determinar o caráter distintivo da letra. Esta se faz operar apesar das aparências, seja pela similitude ou não dos significantes. A ausência provisória da noção de semblante não impede que ele já possa ser pensado através dessa série de articulações e desarticulações. Os caracteres chineses expõem formas de articular o que se encontra desarticulado, bem como o movimento inverso, de desarticular o que parecia estar conectado pelo sentido. A manipulação combinatória dos caracteres se assemelha e antecede a manipulação combinatória dos nós borromeanos,

---

[17] Aqui, escrito em chinês simplificado. Em Lacan, aparece em chinês tradicional.

com a diferença de que, até certo ponto, os primeiros estão contemplados pela própria língua.

A materialidade dos caracteres chineses é aparato fundamental para os jogos de palavras e os jogos gráficos. O campo aberto por essa materialidade cria condições favoráveis para diversas formas de palíndromos, trocadilhos, enigmas fundados sobre a base das figuras dos caracteres, além de outras tantas formas. O palíndromo, por exemplo, que pode ser lido tanto da esquerda para a direita quanto da direita para a esquerda mantendo a mesma significação, encontrará em chinês múltiplas direções, formando verdadeiros labirintos. Poderá ser lido de cima para baixo ou de baixo para cima, na diagonal, formando ângulos etc. Há um poema, que provavelmente é do século III, no qual já foram encontrados mais de setecentos pequenos poemas produzidos através de inúmeras combinações de direções de leituras conforme um palíndromo. Pode-se, também, produzir enunciados que misturem caracteres simples e compostos de tal modo que a cada dois caracteres simples, o terceiro (composto) é formado pela junção dos dois primeiros e assim sucessivamente. Por exemplo:

此 木 是 柴 山 山 出

Na frase acima, *Essa madeira é combustível; todas as montanhas a produzem*, o jogo de palavras é menos sonoro do que gráfico, e este não se produz pela via do sentido, mas sim pela forma gráfica, como pode ser observado até mesmo por aqueles que não conhecem a língua, uma vez que é, literalmente, visível. Suas sílabas são: *ci mu shi chai shan shan chu*. Como todos podem ver, a despeito de qualquer articulação semântica e sem uma correlação direta com o som, o quarto caractere, *chai* (combustível), é formado pela junção gráfica dos dois primeiros caracteres, *ci* (此, esta) e *mu* (木, madeira) respectivamente (o primeiro escrito em cima do segundo). Enquanto o último é *chu* (produzir) formado pela duplicação dos caracteres *shan*, em que cada um quer dizer *montanha*. Apesar da semelhança, 山山 não é 出, nem 此 木 é 柴. Fica óbvio que isso não se obteve ao acaso. Esse é um tipo de jogo gráfico usual em chinês, que é levado ao extremo na poesia.

Será principalmente na poesia que os caracteres se assemelharão ainda mais aos movimentos e contorções, articulações e desarticulações. Nas mãos do poeta, calígrafo ou não, os caracteres parecerão os nós nas mãos de Lacan. Ou seria o contrário? Ou seria Lacan manipulando os nós que se assemelha aos poetas chineses forçando ainda mais a versatilidade da própria escrita? Seja como for, os poetas chineses, de posse e graças à escrita, vão explorar o espaço que já se encontra aberto na estrutura do caractere, como farão da sua poesia, como de qualquer outra, um forçamento. A leitura silábica e homofônica requerida para a leitura de Joyce em *Finnegans Wake* já são exigências presentes desde aqui. "O que é que se passa em Joyce? O significante vem rechear o significado. É pelo fato de os significantes se embutirem, se comporem, se engavetarem −" e "ali vocês verão como a linguagem se aperfeiçoa quando se trata de jogar com a escrita" (LACAN, 1985, p. 51). Afinal, não é isso que Lacan demonstrou na série de caracteres chineses que se embutem, se compõem e se engavetam?

Os quatro tesouros da sala de *Lituraterra*

Os mongóis invadiram e dominaram a China nos séculos XIII e XIV e fizeram com que a língua da administração fosse a do invasor. Contudo havia poucos textos escritos em mongol. Kublai Khan encarregou um monge tibetano de elaborar uma escrita susceptível de transcrever as línguas de todos os povos, entretanto o resultado não atingiu o objetivo esperado. A escrita dessa dinastia se viu obrigada a continuar sendo chinesa, ainda que os textos escritos tivessem que ter um estilo pouco elaborado para se tornarem mais acessíveis aos mongóis e aos outros estrangeiros.

A dinastia estrangeira que mais tempo permaneceu dominando a China foi a dinastia Qing, dos manchus (1644-1912). Eles forçaram uma administração central bilíngue por não conseguirem, assim como os mongóis, impor a predominância de seu próprio idioma e escrita. Um fato curioso: a maior parte das traduções foi do chinês para o manchu, não o contrário. É curioso, pois seria esperado que o invasor tivesse força suficiente, ao longo de três séculos, para impor a sua cultura e seus semblantes. Os conquistadores acabaram traduzindo os clássicos do confucionismo e as maiores obras literárias chinesas para a sua língua.

A conquista dos manchus não foi suficiente para conectar algo que não se conectava entre a Manchúria e a China, ou entre os manchus e os chineses. O imperador manchu

Kangxi, cuja representação está na capa do Seminário 18 de Lacan, *De um discurso que não fosse semblante*, exemplifica bem a função dos semblantes: articular o que não se encontra articulado, conectar o que está desconectado. O imperador manchu quis entrar para a História não com os semblantes de seu povo, que dominou a China por tanto tempo, mas sim como um chinês, com os semblantes que o fariam parecer chinês: a escrita com seus instrumentos – o pincel e o papel. O pincel é empunhado ganhando destaque e a mão que o segura não está em repouso, está a meio caminho como se estivesse a ponto de executar o movimento de uma caligrafia. Não é a coroa e cetro de um rei europeu, nem mesmo uma série de objetos da ciência como em quadros de outros monarcas do velho continente. Há um livro sobre a mesa que não possui o destaque do pincel e do papel, muito menos o do movimento do corpo que se interpõe entre ambos.

É justamente no terreno da não relação que o tema do semblante mais se justifica, afinal, a questão é de como conectar o que está radicalmente desconectado. E é nesse contexto que encontramos outro Seminário em que a referência aos chineses é abundante e, talvez, mais significativa. Qual o tipo de semblante que os chineses teriam a sugerir a Lacan a ponto de se interessar a retomar uma discussão que passasse por eles? O ano anterior, dedicado aos quatro discursos, foi um dos poucos seminários em que Lacan não fez menção a algum tema que os envolvesse direta ou indiretamente. Formulou os laços implicados em cada modalidade de discurso sem falar dos chineses nem da sua escrita. Entretanto, diante da questão daquilo que está desconectado e mais ainda da questão de como articular o que se encontra separado, ele volta aos chineses e, sobretudo, à escrita chinesa. Podemos nos perguntar: que semblante *chinês* (um pouco como Kangxi) Lacan esperava encontrar? Que tipo de interlocução ele esperava encontrar em Mêncio? Já havia se valido dele no Seminário 7 – esse retorno seria um retorno ao mesmo ponto?

Se Lacan buscou encontrar nos chineses, mais precisamente em Mêncio, alguma pista ou ao menos um debate a respeito do modo com que se pode articular o simbólico e o imaginário, é preciso ainda perguntar qual o lugar a ser dado pela presença da escrita chinesa nesse mesmo Seminário. Um primeiro indício pode ser extraído do percurso que ele adotou através de modulações tanto em *A instância da letra* quanto no Seminário 9. Lacan busca interrogar a linguagem. E no Seminário 18 ele o fez a partir da escrita, indo bem mais longe do que havia ido no Seminário 9. Em ambos, cada um a seu modo, a escrita chinesa foi mais que um exemplo ilustrativo. Interrogar a linguagem a partir da escrita é ir além do encontro com um significante esvaziado de significação, equivale a pensar de que modo ela pode tocar o campo pulsional, o campo do gozo.

A operação da letra, que antes era submetida aos princípios do significante, acaba ganhando uma autonomia inédita. Para tal redefinição, se a letra não pode contar mais com os bordões dos fonemas e dos significantes, com o que ela pode contar? A sua principal referência já era a escrita chinesa do caractere, e não a letra de qualquer alfabeto. Isso não só será reafirmado, como também será levado a limites ainda mais radicais. Para isso, o caractere chinês terá que oferecer a possibilidade de articulação com o gozo, com a pulsão e, por isso, essencialmente com o corpo. É aí que a escrita chinesa se fará mais precisa que a tipografia. Acrescenta-se, então, uma dimensão que terá que ser recolhida em parceria com a escrita. Não se trata de uma novidade, mas de um elemento que já foi abordado no Seminário 9, *A identificação*, e no Seminário 14, *A lógica da fantasia*. O traço é o elemento inseparável da letra e o ingresso que franqueia sua passagem para que toque, como um litoral, o campo do gozo.

As referências chinesas vão perpassar todo o Seminário, não é à toa que muitos o chamem de o "Seminário chinês". O caminho seguirá a ordem sugerida por Lacan e que pode ser ilustrada pela própria capa escolhida para o livro desse Seminário, ou seja, partir do semblante para, então, tocar a escrita. Afinal, são essas as duas questões mais pontualmente chinesas do Seminário. Pode-se acrescentar uma terceira que seria um desdobramento da escrita. Uma escrita e uma letra que só podem ser pensadas em relação ao gozo. Isso se não abdicarmos da noção do traço da escrita na caligrafia chinesa. A caligrafia é um dos três modos de uso da letra em que a escrita leva em conta a dimensão do gozo, ao contrário da escrita da ciência que o desconsidera. Então, trata-se de semblantes: escrita/letra e caligrafia/gozo.

Mêncio com Lacan

Lacan já visitara Mêncio em outros momentos. Ele o introduzira, por ocasião do Seminário 7, *A ética da psicanálise*, em meio a uma discussão cuja ênfase era colocada entre Kant e Sade. Não haveria melhor lugar para convocar Mêncio para um debate. Há um livro de François Jullien, intitulado *Fundar a moral: diálogo de Mêncio com um filósofo das Luzes*, que se dedica exatamente a uma discussão entre Mêncio e Kant, envolvendo também Rousseau. A obra tenta fazer de Mêncio um desafio para Kant, um modo de efetuar uma distância e pensar a partir de fora, fazendo da sinologia um instrumento teórico – deslocando-a da condição de objeto e transformando-a em metodologia (JULLIEN, 2001). Aliás, um dos grandes méritos desse filósofo francês que estudou e morou muitos anos na China é o de retirar a sinologia de um espaço de especialistas na "China" para pensá-la como uma metodologia para dar vida ao pensamento. Faz e discute a filosofia ocidental no modo chinês. O semblante chinês de

Jullien não é o de Kangxi, por mais que muitos o acusem de algo parecido, tampouco é uma tentativa de criar uma filosofia da fusão entre a filosofia oriental e a ocidental. O semblante chinês de Jullien, como diz Badiou (2004), é de não ser sinólogo, de fazer da sinologia uma metodologia.

O debate que Jullien provoca entre Kant e Mêncio foi, de certo modo, vislumbrado por Lacan na virada da década de 1950 para a de 1960. O debate com Mêncio é, antes de tudo, um debate sobre a moral. O que é preciso reter da questão são dois detalhes. Primeiro, uma comparação entre o modo como *nós* procedemos, sugerindo haver uma outra forma de fazer. Aqui me parece ser uma diferença entre *eles,* os chineses, e *nós,* os ocidentais. Em segundo lugar, para nós ocidentais, a benevolência não é assegurada pela experiência, enquanto, para Mêncio, ela deve ser pensada em relação à experiência. Não no sentido de uma experiência acumulada durante a vida, mas no sentido de uma ação, um ato. Não é a experiência do empirista, mas a ação na qual se é convocado fora do pensamento. Portanto, para pensar a benevolência em Mêncio, pensar a moral e a moralidade, não será possível dissociá-las do ato, ou seja, de uma ação que não decorre do saber ou do pensamento. Parafraseando Lacan, em Mêncio, o ser é moral onde não pensa, é na sua ação que ele se depara com sua benevolência.

Lacan volta a falar em Mêncio quase onze anos depois, no Seminário 18. Os dois momentos dialogam entre si. Para entendermos a passagem do Seminário 7 será necessário o Seminário 18; por outro lado, só entenderemos a referência a Mêncio no "Seminário chinês", em face do que o antecede no "Seminário da ética".

Mêncio – nome latinizado de Mengzi, em que *zi*,[18] 子, significa *Mestre*, Mengzi, 孟子, significa *Mestre Meng* – viveu

---

[18] *Zi*, escrito 子, já foi romanizado como *tsé* ou *tzu*. É uma designação, e não o nome próprio, por isso vemos esse caractere se repetir nos

por volta de 372-289 a.C. e é considerado um dos herdeiros espirituais de Confúcio[19] (Kongfuzi). Foi contemporâneo de Chuang-tse (Zhuangzi), de quem foi o principal interlocutor, mesmo que nunca tenham se conhecido. De certo modo, coube principalmente a Chuang-tse e, por extensão, a Laozi a introdução de um paradoxo a que o pensamento chinês terá que dar um tratamento. Falando mais especificamente, Chuang-tse introduz uma cisão, uma desconexão, que é exatamente aquela de que Mêncio se ocupará tentar conectar. Como o semblante pode ser algo que conecta o que está desconectado, um dos interesses de Lacan em Mêncio reside justamente no ponto em que ele conecta o que Chuang-tse e o taoismo desconectaram.

Por mais que Mêncio estivesse em um dos pontos centrais da atenção de Lacan no Seminário sobre os semblantes em função de como ele articula o que o taoismo de Laozi e Chuang-tse desarticulam, isso não implica que o pensamento desses dois esteja ultrapassado para Lacan. Mêncio tomou para si a tarefa deixada por Confúcio de exercer o caminho celeste do homem de bem. Porém, se Confúcio viveu numa época chamada de Primaveras e Outonos (772-481 a.C.), em uma espécie de época de ouro em que a palavra podia circular livremente, Mêncio viveu em um período conturbado de retornos de guerras sucessivas, tanto que é conhecido na cronologia da história chinesa como período dos Reinos Combatentes (403-256 a.C.), período que antecede a

---

mestres das escolas chinesas: Confúcio é *Kongfuzi*, 孔夫子, *Mestre Kong*; Lao-tse é *Laozi*, 老子, *Mestre Lao*; Chuang-tse é *Zhuangzi*, 状子, *Mestre Zhuang*; e assim por diante.

[19] Mêncio nasceu na mesma pátria de Confúcio e "teria estudado junto a um discípulo de Zisi (aprox. 485-420 a.C.?), neto do Mestre formado por seu discípulo Zengzi (aprox. 505-436 a.C.?) – filiação direta que faz dele o herdeiro espiritual de Confúcio" (Cheng, 2008, p. 175).

unificação da China pelo imperador Qin. Portanto era um período de guerras e, podemos dizer, de uma grande crise moral. Após a morte de Confúcio, os seus discípulos se dispersaram, contribuindo para o aumento da divergência entre as diversas escolas que se propunham a pensar a política, a sociedade e o convívio com os outros. As estratégias que predominavam eram os ardis, que visavam obter a melhor resposta diante dos tempos difíceis. A eficácia era o significante mestre privilegiado, que em muito superava qualquer referência à moral. É dessa época que surgem os famosos tratados sobre as guerras e estratégias para a obtenção da maior eficácia. Dentre eles, o mais famoso e bem conhecido entre nós ocidentais é o livro de Sun tzu, ou 孙子, *A arte da guerra* (*Sunzi bingfa*, 孙子兵法 – *A arte da guerra segundo Mestre Sun*). Generosidade, grandeza da alma, benevolência, atitudes virtuosas e desinteressadas são comportamentos e noções estranhas à época e consideradas por muitos como estupidez (CHENG, 2008). É nesse contexto que Mêncio procura retomar os ensinamentos de Confúcio. Por fim, o que consegue é mais do que isso, ele introduz um ensinamento que se torna uma transmissão que lhe é própria. O principal traço confucionista retomado por ele está na aposta no homem, o *ren*. O senso de humano é seu ponto principal, que é justamente o que se encontra enfraquecido no último século pelo contexto das guerras e por visões aparentemente mais pragmáticas. O caminho tanto de Confúcio quanto de Mêncio não é o da individualidade (caminho do taoismo), mas sim o da sociedade, numa verdadeira teoria política. Só há um modo concebível para governar – o que leva em conta o consenso, ou seja, o sentido de *ren*, do homem, do humano. Para falar do homem, do fundamentalmente humano, ele se vale muito de metáforas da natureza.

Para falar da natureza humana, Mêncio recorre a metáforas orgânicas e naturais. Seu modo de dar credibilidade àquilo que tenta resgatar é recorrendo à dimensão política, na qual o povo se tornaria a fonte de legitimidade, a expressão do Mandato do Céu, *tian*, 天. O imperador, por ser filho do Céu, pode propor qualquer um para substituí-lo, mas não tem o poder de obrigar o Céu a consentir com o império – bem na linha do pensamento de Confúcio. O fato de um soberano ter sido assassinado por outro a fim de usurpar-lhe o trono não é pensado em termos de um crime de assassinato, mas sim como uma regulação em relação ao Mandato do Céu, *tian ming*, 天命: aquele que rouba o *ren* é um ladrão e se destrói o que é justo é um vândalo. Nesse caso, se um ladrão ou um vândalo morre, morreu apenas um homem; se Zhou Xin (o último rei dos Shang) foi morto pelo rei Wu, fundador da dinastia Zhou, não foi um soberano que foi morto, foi apenas um homem que não seguiu o Mandato do Céu, merecendo ser punido. O rei Wu teria apenas cumprido o Mandato para retomar o curso do Céu. Isso quer dizer que Mêncio confere uma legitimidade moral à política, e mais, ele pensa a legitimidade mais pela via da moral do que pela via da política. Uma vez que o plano da ética é superior ao plano político, deve regulá-lo – podemos dizer que, assim, Mêncio é confucionista.

O seu tempo é diferente daquele de Confúcio, assim como o uso que deve ser dado à palavra e ao discurso. Os ensinamentos do Mestre eram basicamente aforismáticos; o que não ocorre com Mêncio, que valoriza a retórica e o debate argumentativo. Afinal, este precisava prestar contas do rumo que tomavam os discursos políticos e econômicos, além de situar neles o valor do *ren*. Todavia não podemos crer que é na retórica de Mêncio ou no seu discurso argumentativo que reside o interesse de Lacan. O que Lacan queria dizer quando afirmou que *para nós* a benevolência está muito pouco ligada à experiência e toca um ponto de ignorância? A benevolência parte da experiência do encontro com o insuportável, e não através de um conhecimento colocado em prática. A natureza do homem é o bem, mas ele só poderá apreendê-la diante do encontro com o insuportável, pois sua ação não passará pelo pensamento.

A moralidade se manifesta como uma resposta que parte da natureza humana, ela não é a realização de uma lei, de um mandamento, muito menos de um preceito cultivado por uma tradição. A moral é fundada diante da ampliação de uma reação ao insuportável, ao intolerável. A moral é um desdobramento da angústia. Por isso ela vem da natureza humana, e não de prescrições.

Até aqui, podemos recolher dois modos de desconexões com que Mêncio teve que se deparar: a separação entre ética e política; e a separação entre moral e uma concepção de vida em termos utilitaristas, voltada para a eficácia. Agora podemos agregar uma terceira, que é a que mais interessa a Lacan no Seminário 18: a desconexão, a desarticulação entre homem e Céu ou, em outros termos, entre a natureza humana e o Mandato do Céu. Uma terceira forma de enunciar o mesmo é: a separação entre *xing*, 性, e *ming*, 命:

$$性 \quad 命$$

O Tao, Laozi e Chuang-tse

A separação é introduzida não por Mêncio, mas por Chuang-tse. Enquanto Confúcio, com sua visão ética, privilegia a aposta no homem, *ren*, Mozi desenvolve um discurso racional dando corpo a um pensamento utilitarista; Chuang-tse, por sua vez, abandona as duas opções e funda uma terceira. O caminho proposto por Chuang-tse rejeita o engajamento social e político de Confúcio e o ativismo moísta. Para ele, o caminho fundamental é o Tao ou Dao, 道.

Diante de uma época repleta de discórdia e violência, esse contemporâneo de Mêncio propõe que não se deve agir em direção a uma procura dos meios para reverter uma situação, ao contrário, é necessário colocar-se em posição de escuta. Deve-se escutar a música do Tao, ou seja, adotar uma postura de não agir, *wu wei*, 无为. Isso também pode ser encontrado em Laozi,[20] para o qual o não agir não se equivale a cruzar os braços e nada fazer, e sim seguir o curso dos acontecimentos *escutando* os princípios que regem uma situação e, com isso, poder se ajustar da melhor maneira possível a ela.

Mesmo separado da noção de não agir (*wu wei*), o *wu* é fundamental para esse pensamento. Para os taoistas, nada pode valer mais que *wu*, ele é o que se opõe ao cheio, de tal modo que o vazio, o não há, *wu*, se sobrepõe àquilo que há (*you*, 有): O *wu* aponta para como a ausência se faz mais presente do que aquilo que de fato está presente. No centro do pensamento do taoismo, está o nada, não niilista, o vazio que se faz presente determinando o curso das coisas e do próprio discurso. Se por um lado o Tao é o curso natural e espontâneo das coisas no qual não se deve ou não se pode intervir – por isso *wu wei,* simplesmente porque não é possível se manter no Caminho tentando imprimir a sua vontade por ações e coações que tentem mudar o curso do Tao (que designa também, numa acepção verbal, *falar* ou *dizer*) –, por outro lado Tao é o *discurso*.

---

[20] O *wu wei*, não agir, consiste em vencer cedendo. Portanto não é uma passividade, uma ausência de ação, uma inatividade, mas sim uma posição que prevalece sobre o agir, intervindo mais pela atração do que pela coação, mais pela maneira de ser do que pelo ter e pelo fazer. Por isso a metáfora preferida é a da água: a água jorra de uma fonte única como o Tao, mas toma infinitas formas; cede, contorna, se adapta, não pode ser vencida e, acima de tudo, segue seu curso. Entender a metáfora da água ajuda a entender o *wu wei*.

Para Laozi, existe apenas *o* Tao; mas para Chuang-tse existem também *os taos*, que não serão outra coisa senão *os recortes humanos e sociais operados pelo discurso*. Chuang-tse fala de uma pluralização do Tao em *taos*, bem ao modo que Lacan fala da pluralização dos nomes do pai. É interessante observar esse recorte operado pelo discurso, principalmente tendo em vista que a primeira palavra do *Dao De Jing*, de Laozi, é "Dao" (Tao). Tao, nada mais é do um modo de nomear o que não pode ser nomeado, um modo de dar um nome ao que não pode ser recoberto pela linguagem. O Tao é o indizível, o que está fora da linguagem, mas é, ao mesmo tempo, o princípio de todas as outras coisas, essas sim, dizíveis. O Tao coincide com o princípio do vazio que, no entanto, engendra todas as outras coisas. Todas as coisas que virão do Tao se farão discursos dizíveis, semblantes do discurso do Tao, inominável. Daí toda a postura irônica de Chuang-tse que tanto interessou a Lacan. Chuang-tse nunca se poupou de lançar mão de todos os recursos disponíveis para ridicularizar a razão discursiva e denunciar-lhe a futilidade, ou, em termos de Lacan, do que não passavam de semblantes. A ironia de Chuang-tse denunciava que os extensos discursos não eram mais que semblantes, por isso optou por diálogos que geralmente acabavam num completo *nonsense*. Seus jogos de desmontagem dos discursos e as formulações constantes de aporias ao pensamento lógico puderam ser amplamente reaproveitados como inspiração para o Zen-budismo.

O *indizível* do Tao, explorado no estilo irônico de Chuang-tse, aparece em Laozi sob um outro aspecto: através do recurso poético. Em Laozi (*Tao Te King* ou *Dao De Jing*), o indizível do Tao também se faz presente no jogo entre os versos do poema.

O que Chuang-tse coloca em questão não é apenas o uso que a razão faz da linguagem ou as diversas modalidades e formas discursivas em que os *taos* se manifestam. Ele pondera sobre a própria linguagem. De modo direto ou indireto, a linguagem era o assunto sobre o qual todos os pensadores do período dos Reinos Combatentes se debruçaram. Não é à toa que (à exceção de Confúcio) praticamente todas as referências chinesas usadas por Lacan giram basicamente em torno do que se produziu nesse período. Então, se a linguagem era um tema corrente naquele período, ninguém a abordou de modo mais radical do que Chuang-tse. A sua palavra funcionava como uma faca que cortava sistematicamente o único instrumento de que a razão humana dispõe. O termo *bian*, em chinês, quer dizer *recorte* e cabe bem ao procedimento e à atitude de Chuang-tse frente à linguagem. *Bian* que significa *recorte* pode ser escrito tanto assim 辯, com radical de *palavra*, quanto 辨, com o radical de *lâmina* (Cheng, 2008).

Chuang-tse, ao questionar a capacidade da linguagem de exercer qualquer poder sobre a realidade (Cheng, 2008), intervém na noção de saber, na medida em que *zhi* (知, conhecer) concerne muito mais a uma aptidão do que a um conteúdo que se deve aceder. Ele provoca um deslocamento do saber enquanto conhecimento para um *saber como*. O saber é inscrito do lado da habilidade do artesão, da habilidade daquele que sabe fazer com as mãos. Assim, o saber em jogo no taoismo de Chuang-tse é um *savoir-faire*, e é aí que se expressa o ápice de sua crítica à linguagem: se o saber do Tao é o *savoir-faire* da habilidade do artesão, ele não pode ser transmitido pela linguagem, pelas palavras. É um saber que não resulta da aquisição de um conteúdo ou de uma transmissão pelo discurso, mas é transmitido tal como um ofício, ou seja, implica um percurso que vai além das palavras. Como exemplo, poderia mencionar tanto a *esgrima*, cara aos chineses, quanto, principalmente, a *caligrafia*.

A posição de Chuang-tse é a de que uma época marcadamente difícil e violenta é o modelo de uma realidade extrema. Diante dela, se produzem *taos*, diversos caminhos, e cada um tenta lidar com os impasses que a vida produz. Alguns seguem pelo caminho do *ren*; outros, em nome do interesse da maioria; outros defendendo uma lei que sirva para todos etc. Mas todos esses *taos* são apenas discursos e semblantes. Um discurso que talvez não fosse semblante seria o do Tao, indizível. O que o causa é o *wu*, o nada, o vazio, e sua posição de ação é *wu wei*, ou seja, não nadar contra a corrente da *natureza*. Agir conforme a natureza é *wu wei*, e, consequentemente, é agir conforme o Céu e o Tao. Apenas os homens que se desviam do Tao na direção dos semblantes é que acreditam poder agir, intervindo no curso do Tao. Se você caiu na correnteza de um rio ou está envolvido por uma onda do mar, não adianta fazer força, é preciso agir conforme o movimento de cada uma delas para encontrar a melhor maneira de sair. Por isso Chuang-tse e Laozi acreditam que há uma ruptura entre o natural e a moralidade, entre o Céu e o homem. A moral não poderia ser natural sendo uma condição humana. O homem, para estar em acordo com o Céu, deveria ser mais natural como uma *criança*, pois, assim, voltaria a escutar as ressonâncias do Tao.

Portanto Mêncio se vê entre duas posições antagônicas. De um lado, o racionalismo exagerado e radical dos adeptos de Mozi, segundo os quais nada compete ao Céu, tudo está nas mãos dos homens. Através desse racionalismo, eles abdicam de pensar o *tian ming*, o Mandato do Céu, por julgarem que o real é racional e que a linguagem pode dar conta da relação com o real e a realidade. Por outro lado, se depara com o antirracionalíssimo de Chuang-tse e sua crítica à linguagem. Sendo o Tao o princípio contra o qual é inútil tentar intervir ativamente sob pena de se perder, o homem que se posiciona em relação à posição do *wu wei*, do não agir, age em conformidade com o Tao e com o Céu.

Mêncio tem, de um lado, uma posição que se excede na escolha do homem, *ren*, e, do outro lado, uma que se concentra no Céu. Homem e Céu encontram-se separados, desconectados, desarticulados. Essa é a principal desarticulação para a qual Mêncio tentará propor uma saída. Se o semblante é uma forma de conectar o simbólico e o imaginário que estão desconectados, é por essa via que Lacan espera encontrar o Mêncio do Seminário 18, *De um discurso que não fosse semblante.*

A natureza (*xing*, 性) é entendida como aquilo que o Céu concede logo no nascimento. O caractere *xing*, 性, é composto pelo elemento *sheng*, 生, que significa *vida*, ou *vir à vida, gerar* (CHENG, 2008), e pelo elemento *xin*, 心,[21] que significa *coração*. Para Mêncio, a questão é colocada desde a escrita do caractere: a natureza é o *coração* da vida e a bondade do coração está no centro da natureza. Um homem que não reage diante do insuportável de ver uma criança prestes a cair não é um homem, é *buren*, 不忍,[22] é *sem coração*.

Mêncio conecta o Mandato do Céu (*tian ming*, 天命) à natureza humana (*xing*, 性), dizendo que o *xing* é a natureza em germe[23] concedida pelo Céu/Tao, mas cabe ao homem fazê-la crescer e se desenvolver. Por um lado, é como se Mêncio fizesse uma junção, uma conexão entre *ming* e

---

[21] *Xin* designa ao mesmo tempo "mente" e "coração".

[22] Vemos novamente o elemento *coração*, 心, abaixo do segundo caractere.

[23] Tal como os brotos que nascem nas montanhas, no exemplo citado por Lacan no Seminário 7. É uma das metáforas prediletas para dizer que a natureza germina e pode crescer no homem, além de ser regada pela água, a maior das metáforas entre os taoistas.

xing; por outro lado, podemos pensar que talvez não se trate de uma conexão, mas de um esboço de um litoral entre *ming* e *xing*. Mêncio absorve e integra a noção de *wu wei*, tão cara aos taoistas. Isso pode ser observado na passagem que Lacan cita em caracteres chineses no início da quarta lição do Seminário 18, *De um discurso que não fosse semblante*[24]:

> Mêncio diz: "Em todo lugar sob o Céu, quando se fala da natureza, não se trata de fato senão do dado original (*gu*, 故). Ora, o dado original deita raízes no proveitoso. O que há a censurar nos homens de discernimento é sua maneira de forçar as coisas. Se imitassem a maneira que Yu fez escoar as águas, já não haveria nada a censurar em seu discernimento. Yu fez escoar as águas agindo sem esforço. Se os homens de discernimento simplesmente fizessem o mesmo, grande seria na verdade seu discernimento" (Lacan, 2009, p. 51).

Yu é fundador mítico da dinastia Xia, que governou do segundo milênio até o século XVIII a.C. O pai de Yu fora incumbido pelo então imperador de resolver o problema das enchentes frequentes, que causavam grande transtorno. Ele construiu barreiras nas laterais do rio para impedir que as águas transbordassem – como é feito até hoje em algumas regiões do Brasil. Tal medida, obviamente, não resolveu o

---

[24] O texto é reproduzido parcialmente e faltando alguns caracteres, além de outros virem em ordem invertida. Como não há artigos no chinês nem flexão verbal etc., a forma da tradução oferecida acima está de acordo com a tradução feita inicialmente para o francês e depois para o português. Nela se prioriza o entendimento que corresponda ao modo mais compreensível para as línguas latinas. Um exemplo de uma tradução de caractere por caractere seria: *Meng zi diz todo mundo "de" diz/fala natureza*, seriam os oito primeiros caracteres. Lê-los assim não seria muito produtivo. Por isso, uma possibilidade de tradução seria: *Em todo lugar sob o Céu* (天) *quando se fala* (言) *da natureza* (性).

problema. Como punição, ele foi executado. O seu filho, Yu, foi designado para resolver o mesmo problema. Ao contrário do pai, que tentou *agir* intervindo no sentido contrário da força das águas, Yu encontrou um modo de aumentar a vazão e o escoamento das águas. Ele escutou a música do Tao e agiu no *não agir* (*wu wei*) sem fazer força contrária, e sim facilitando e se aproveitando do curso natural das águas. Com isso, ganhou prestígio.

Esse trecho escolhido por Lacan para citar Mêncio é bem característico do ponto que o pensador chinês encontrou entre o Céu e o homem, entre *ming* e *xing*. Vemos Mêncio citando uma das noções mais fundamentais do pensamento taoista, que a princípio rivaliza com a posição confucionista, para situar que o que mais importa não é uma oposição entre o Céu e o homem. Ele assinalou que esses dois campos não estão em relação de exterioridade, mas sim de vislumbrar, tal como Lacan o fez no Seminário 18, que o campo do gozo e do saber concernem ao sujeito.

Quando Lacan introduz Mêncio nesse mesmo Seminário, ele adverte que teria que fazer algumas referências às origens do pensamento chinês. É difícil recolher o alcance do seu desenvolvimento ao longo de todo o Seminário desconsiderando o percurso *chinês* percorrido nessas elaborações. Até então, Lacan, pelo menos publicamente, sempre havia se nomeado freudiano. Aqui ele diz uma outra coisa: "[...] é que talvez eu só seja lacaniano por ter estudado chinês no passado" (LACAN, 2009, p. 35). Talvez essa seja sua primeira afirmação pública sobre *ser lacaniano* acompanhada da relação com o estudo do chinês. Não é uma afirmação que inicia um discurso, é uma construção feita *a posteriori*. Dois anos antes, ele havia retomado os estudos com François Cheng, o que pode ter contribuído para que Lacan percebesse o alcance que suas investigações a respeito da língua, da escrita e do pensamento chineses acabaram tendo sobre sua obra e seu ensino.

Lacan faz uso de algumas partes do *Mengzi*.[25] Na primeira delas, ele cita Mêncio, a seu modo: "O que não encontrardes do lado *yen*[26] [...], não o procureis do lado de vosso espírito... E, se não o encontrardes do lado de vosso espírito, não o procureis do lado de vosso *tchi*"[27] (LACAN, 2009, p. 35). A princípio poderia dizer que: o que não pode ser encontrado do lado da fala ou do discurso não deve ser procurado no coração, 心, que, a exemplo do que já vimos, faz parte da natureza, 性; e se não encontrar no 心, não precisará procurar no *qi*, 氣, que pode ser entendido como uma *energia vital*. Esse mesmo *qi*, 氣, é aquele que está em questão nos exercícios de artes marciais, principalmente o tai chi chuan. Em resumo, a ideia é que aquilo que não pode ser encontrado no discurso, não poderá ser encontrado no coração ou natureza; e, uma vez não encontrado neles, não adiantará procurar na energia vital, em algo que vem do interior, como se fosse um sentimento íntimo.

Lacan diz a seguir que Mêncio se contradiz: "Meng-tzu, Mêncio, contradiz-se, é fato. Mas a questão é saber por qual caminho e por quê" (LACAN, 2009, p. 35). Segundo Anne Cheng, Gaozi e Mêncio concordam que o *xing*, 性, é o que há de vital (生, *sheng*), embora discordem a respeito do significado que dão à natureza. Para o primeiro, a natureza reduz-se ao biológico, aos instintos primários e isso definirá o que o homem se tornará. Para ele, a natureza não pode ser encontrada no discurso, na linguagem, mas nos instintos vitais. O homem fará o que a situação o conduzir a fazer. A situação e o instinto conduzirão e definirão as condutas. Mêncio pensa o contrário disso. Há uma moral natural, a benevolência, que

---

[25] É comum que os livros clássicos levem o nome do pensador a quem ele é atribuído.

[26] *Yan* em pinyin, 言.

[27] *Qi* em pinyin, 氣.

é dada na natureza. Portanto, na passagem citada por Lacan, há a contradição de destituir o discurso e a moral do lugar em relação à natureza – o que não encontrar no discurso não adianta procurar no coração, porque o que o discurso produz não diz nada a respeito de sua natureza. Essa é a contradição.

No entanto as palavras atribuídas a Mêncio por Lacan, nessa passagem, são na verdade de Gaozi. Trata-se de um diálogo em que Mêncio se opõe passo a passo a Gaozi (SIZARET, 1961). Portanto o que é citado do *Mengzi* é uma passagem que é contraposta. Nesse caso, não há uma contradição por parte de Mêncio, ele apenas irá se opor a seu adversário de inúmeros debates. Mêncio não recua diante das inúmeras metáforas que permeiam a retórica chinesa, podendo fazer um uso abusivo delas quando lhe parece oportuno. Ao contrário da ironia de Chuang-tse, ele segue o fluxo das metáforas para introduzir um efeito inesperado.

Se classificarmos a escrita em sistemas, os principais seriam os glotográficos, que são divididos entre escrita logográfica e fonográfica (SAMPSON, 1996). A base dessa distinção é a dupla articulação proposta por André Martinet. Infelizmente, uma língua não conta com uma unidade de som para cada unidade de pensamento que é isolado, há uma limitação orgânica para que os órgãos fonadores criem uma variedade tão grande de sons. Se todos os sons que necessitam de uma correspondência com o pensamento fossem criados, a semelhança entre eles seria tamanha que seria praticamente impossível diferenciá-los o suficiente para servirem à comunicação.

Como não há sons suficientes para cada unidade de pensamento, as unidades fonológicas se agrupam, por exemplo, em palavras, para que o número limitado de sons de que as línguas dispõem, ao se agruparem, independentemente de qualquer sentido, possam representar as unidades de significado. Para Martinet, a língua apresenta unidades de tamanhos distintos para cada um dos dois níveis de articulação (logográfica ou fonográfica).

Uma coisa que é importante para a segunda articulação é a finitude das sílabas fonologicamente admissíveis, o que leva a eventuais morfemas se associarem formando sílabas e palavras. No chinês, as palavras mal se distinguem dos morfemas e suas frases são compostas por sucessões deles. Talvez uma discussão estritamente no campo da linguística demonstre que, apesar das diferenças entre a escrita logográfica e a fonográfica, o chinês não seja uma prova do erro de Martinet. Todavia a metáfora da linguística não foi feita para funcionar clinicamente. A metáfora que Lacan faz dela pode não ser precisa, mas ele nunca se nomeou linguista. Ele realmente não estava correto ao chamar o morfema de fonema, nem ao apontar uma contradição que não existe em Mêncio. No entanto ele soube ater-se à causa de seu discurso.

Na busca empreendida pela menor unidade, Lacan encontrou, na década de 1950, os fonemas ou *traços* fonéticos que Martinet associa à segunda articulação. Tendo passado pelo Seminário 9, *A identificação*, e extraído dali o *traço*, começou a deixar cair o *fonético*. Na década de 1970, ele pôde, na procura pela unidade mínima, ironizar os traços fonéticos da segunda articulação, extraindo da primeira articulação da escrita logográfica chinesa o que ele precisava para sua teoria sobre a escrita. A letra não precisa mais ser apenas um suporte para o significante.

Voltando a Mêncio, cito Lacan: "não tenho nenhuma esperança de que vocês se esforcem para meter o nariz nisso" (LACAN, 2009, p. 49). Existe uma controvérsia entre linguistas e, principalmente, sinólogos a respeito do uso feito por Lacan da língua chinesa e do pensamento chinês. Uma boa parte dessa discussão se apoia em divergências de traduções do chinês feitas por ele. Alguns sinólogos são também psicanalistas, o que faz valer a pena acompanhar o desdobramento dado a essa questão. Alguns se apoiam nos erros ou interpretações pessoais dadas por Lacan para renovar algumas críticas que linguistas e positivistas já fizeram. Outros encontram nos mesmos pontos um traço de Lacan que sempre esteve presente em seu ensino e que, sendo assim, deve-se aprender a extrair daí o que é essencial. A citação do texto de Mêncio que abre a quarta lição do Seminário 18, "O escrito e a verdade", provavelmente por ser a mais extensa citação feita por Lacan do original de um texto canônico chinês, se tornou um alvo privilegiado desse debate.

Philippe Porret é psicanalista e autor de um livro chamado *La Chine de la psychanalyse* [A China da psicanálise] e, segundo Guy Flecher, reivindica para si um lugar de suposição de saber a respeito da psicanálise na China com objetivos bem próximos do contexto que prevalecia entre os adversários de Mêncio no período dos Reinos Combatentes. Segundo Flecher, Porret coloca em questão, de forma depreciativa, a colaboração entre Lacan e Cheng, a ponto de dizer que a China de Lacan é marcadamente imaginária e com ares de uma visão política de direita. Ao que tudo indica, a posição de Porret passa um pouco pelo mesmo caminho das críticas de Philippe Sollers. Mas a questão principal da posição de Porret é a de que o chinês serviria como um suporte imaginário para Lacan e, consequentemente, a partir do imaginário é que seria *la Chine de la psychanalyse* [a China da psicanálise] lacaniana. Para Flecher, essa crítica tem como objetivo autorizar a si mesmo como aquele que sabe sobre a psicanálise na China. Esse detalhe é menos importante. O que importa é que boa parte do argumento de Porret se apoia em críticas feitas por Rainier Lanselle, um sinólogo universitário especialista em romance chinês, justamente a respeito das traduções feitas por Lacan dos escritos de Mêncio.

Portanto a citação que abre a quarta lição é o centro de tensão do debate conceitual que se estendeu para o campo institucional. Essa discussão envolve diretamente nomes como Laurent Cornaz, Guy Flecher, Guy Sizaret, o próprio Rainier Lanselle e Philippe Porret, além de envolver indiretamente François Jullien e Anne Cheng. A via encontrada por Porret de fato não é a mais prudente. Há um livro organizado por François Jullien que trata de alguns impasses de uma psicanálise realizada, ou realizável, na China, que vale a pena acompanhar em *L'indifférence à la psychanalyse* [A indiferença à psicanálise].

A tradução do texto de Mêncio feita por Anne Cheng se tornou uma espécie de referência.[28] A partir dela pode-se encontrar a sutileza da diferença em relação à tradução feita quase que passo a passo por Lacan. No momento que Lacan fazia o Seminário 18, a tradução disponível era de 1913, de Séraphin Couvreur.[29] No entanto não é de todo certo que Lacan tenha se valido dele, uma vez que, coincidentemente, estava em curso seu estudo com o pai de Anne Cheng. Entre a tradução desta e a de Couvreur, há diferenças perceptíveis. A primeira é de pontuação, e isso não é irrelevante. Temos que sempre ter em mente que os textos clássicos chineses são desprovidos de pontuação. Algumas palavras são vazias semanticamente, funcionado apenas como pontuações, o que não é o suficiente para evitar ambiguidades. Essa é uma função do escrito destacada no Seminário: sobre ele terá que se desdobrar uma fala, sobre o escrito é necessário proceder com uma interpretação. Infelizmente, a tradução do livro

---

[28] *"Mencius dit: Partout sous le ciel quand on parle de la nature, il ne s'agit em fait que du donné originel. Or, le donné originel prend racine dans le profitable"* (CHENG, 1997, p. 159). "Mêncio diz: 'Em todo lugar sob o Céu, quando se fala da natureza, não se trata de fato senão do dado original (*gu*, 故). Ora, o dado original deita raízes no proveitoso'" (CHENG, 2008, p. 186).

[29] *"Partout sous le ciel, quand on parle de la nature, on veut parler des effets naturels. Les effets naturels ont d'abord cela de particulier, qu'ils sont spontanés"* (COUVREUR, 1913).

de Anne Cheng para o português parece preferir, sem saber que o faz, a pontuação dada por Couvreur na primeira frase.

A segunda diferença a ser notada é o que Anne Cheng traduz como *il ne s'agit en fait que du donné originel* [não se trata de fato, senão, dos dados originais], e Couvreur traduz como *on veut parler des effets naturels* [queremos falar dos efeitos naturais]. De um modo geral, a tradução da filha do colaborador de Lacan respeita mais a concisão do texto chinês e, nessa frase, não introduz o que o texto de 1913 faz: *on veut parler*. Trata-se muito mais de uma ambiguidade do que de possíveis erros e Lacan não vai se valer de outra coisa para dar sua tradução/interpretação a não ser da equivocidade que a *escrita* torna possível. Anne Cheng traduz *gu*, 故, por *donné originel* [dado original], enquanto Couvreur diz *effets naturels* [efeitos naturais]. Essa diferença não é sem consequências. Se formos lacanianos, não nos passará despercebido que Lacan dá um destaque a esse termo que será vital no desenvolvimento não só da sua tradução como de todo o curso desse Seminário. *Gu*, escrito na publicação do seminário como "*ku*", aparece em destaque:

A edição brasileira do Seminário 18 inverteu os caracteres *gu* (故) e *ze* (tse, 則). O que ela nomeia de *gu* é o *ze* e vice-versa. O que não ocorreu com a edição francesa, que os designou corretamente. No entanto ambas cometem o mesmo erro de inverter a sequência. A sequência correta é *ze gu*, 則故, e não *gu ze*, 故則. Além de a sequência estar alterada, falta uma parte do texto original. O que está escrito nestas páginas das edições brasileira e francesa é ininteligível até para um chinês.

Uma escrita se presta ao equívoco; mais do que isso, ela é o próprio fundamento da equivocidade, como Lacan

(2003b) disse em "O aturdito", não há equivocidade sem a escrita. Nesse sentido, é imprescindível que ele faça uso de uma escrita que não pode ser lida de imediato a não ser pelos usuários dessa escrita, evidenciando a distância que há entre a escrita a fala. A escrita sozinha é dada ao mal-entendido e tem parentesco com *lalíngua*, cabe à fala tentar discorrer sobre ela, tentar lhe dar algum sentido. Essa confusão não intencional da página 55 da edição brasileira e 59 da francesa pode servir para ilustrar o que pode ser o cerne daquilo que Lacan busca dizer nessas lições.

Para se ter uma ideia aproximada do texto e da confusão que envolveu a transcrição dele nas edições do Seminário, apresentarei parte do texto original de Mêncio, escrito em chinês tradicional – a parte que Lacan transcreveu, que na verdade está dividida em dois segmentos, um com dezesseis caracteres e outro com seis. Os dois segmentos tratam da mesma parte do texto, que poderá ser acompanhada mesmo que estejamos munidos apenas do recurso visual. O texto original é[30]:

故者以利為本　則故而已矣　天下之言性也　孟子曰

---

[30] Todos serão escritos de cima para baixo e da direita para a esquerda, tal como nos textos clássicos. Essa não é a transcrição completa do texto de Mêncio, apenas a reprodução das partes usadas por Lacan.

Na transcrição de Lacan na abertura da lição, o texto se encontra parcialmente reproduzido, constando apenas dezesseis caracteres, enquanto a reprodução acima possui vinte caracteres.

故者　則故而已矣　天下之言性也　孟子曰

Na sequência da abertura da lição não consta os quatro últimos caracteres da última coluna da direita para a esquerda, que são:

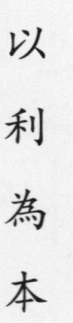

以利為本

Justamente esses caracteres (com exceção do último), que aqui estão na disposição correta, irão retornar nas páginas 55 (edição brasileira) e 59 (edição francesa) como se fossem um mosaico completamente sem sentido. Não há um interesse de produzir qualquer efeito de *nonsense*, afinal Lacan só valeria para os leitores chineses que ficariam atordoados com esse jogo de quebra-cabeça. É possível observar que a sequência/mosaico está fora de ordem e saltando alguns caracteres:

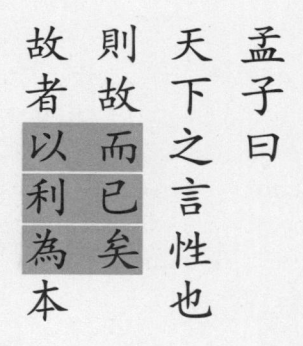

Onde se lê nas edições do Seminário:

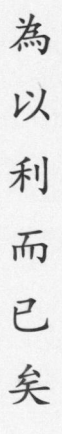

Deve ser lido o que está em destaque:

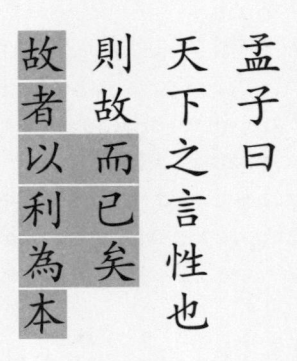

孟子曰
天下之言性也
則故而已矣
故者以利為本

É possível ver que tal escrito traz o cerne daquilo que Lacan procura estabelecer como função do escrito nesse Seminário. Não é uma citação alegórica nem meramente ilustrativa. Ela contém, numa leitura lacaniana, o essencial daquilo que ele procura elaborar e transmitir.

Lacan faz questão de indicar a todo o momento o quanto a escrita coloca em cena a ambiguidade e a equivocidade, "o escrito retomado por si só... apresenta, ocasionalmente, toda sorte de mal-entendidos" (LACAN, 2009, p. 57) e que "é a partir da fala, é claro, que se abre caminho para o escrito" (LACAN, 2009, p. 57). O primeiro deles apareceu no primeiro capítulo deste trabalho, *tian xia*, 天下. Ele representa, para o chinês, *toda a China, todo o mundo, tudo o que há na terra, tudo que se entende abaixo do céu, "nossa pátria", "nosso lar"*, juntamente com outro caractere, *wen*, 文, que tem inúmeros sentidos, entre eles, *escrita, literatura, cultura,* se tornaram emblemáticos na história da civilização chinesa. Nesse sentido, 天下, assim como *wu wei*, é bem mais que dois morfemas. No filme *Herói*, cada uma das vezes que era dito 天下, a tradução das legendas introduzia um sentido diferente. A primeira ambiguidade reside aí.

Lacan optou por dar um sentido diferente desmembrando a noção de 天下 para enfatizar 天, *tian*, ou seja, o Céu. Isso confere ao 下 (*xia*, abaixo), uma posição definida de indicar tudo aquilo que está sob o Céu, submetido a ele. Ele faz um escanção em nada absurda. Esse escanção é essencial para o sentido que ele lhe atribuirá. Não é ao acaso que Lacan retoma essa escrita para, em seguida, falar dos semblantes envolvidos das relações entre homem e mulher. É *sob* 天 下 que ele falará da função do falo que torna insustentável a bipolaridade sexual, não são mais do que de semblantes.

Assim ele inicia sua tradução acompanhada de comentário: 天下 significa *sob o céu*, tudo o que está sob o céu. O que vem a seguir *zhi*, 之, funciona como uma exigência de releitura daquilo que veio antes, como se fosse um ponto de estofo, que confirma, neste caso, 天下. Em seguida, *yan*, 言, que pode ser tanto o verbo *falar*, quanto *fala* ou *palavra*. Entre *parler* e *parole*, ele opta pelo segundo para, então, desdobrá-lo, chamando-o de *linguagem*. Lacan opta por tomar a sequência *yan xing*, 言性, como indicativa de uma aproximação mais aguda:

> Então vejamos do que se trata. *Yen*[31] não quer dizer outra coisa senão "linguagem", mas, como todos os termos enunciados na língua chinesa, também é passível de ser empregado com um sentido verbal. Logo, pode querer dizer, ao mesmo tempo, a fala e aquele que fala, e fala o quê? Nesse caso, seria o que se segue, isto é, *hsing*,[32] a natureza, aquilo que fala da natureza sob o céu... No nível em que está escrito aqui, portanto, esse caractere tanto pode querer dizer *fala* quanto *linguagem*. Esses tipos de ambiguidade são absolutamente fundamentais no uso daquilo que se escreve, e é isso que constitui a força do que escrevo (LACAN, 2009, p. 53-54).

Onde Anne Cheng traduziu como *on parle de la nature*, quando se fala da natureza, Lacan preferiu dizer *la parole est*

---

[31] *Yan*, 言.

[32] *Xing*, 性.

la nature de l'homme: a fala e, mais especificamente, a linguagem é a natureza do homem. Na tradução de Anne Cheng, a *natureza* pode ser aquilo sobre o que se fala, o objeto de um discurso, do discurso sobre a natureza. Na tradução feita por Lacan, a linguagem, o discurso, é a natureza humana. A linguagem, o significante, é a natureza dos semblantes. Daí a aproximação aguda que ele preferiu conferir ao *yan xing*, 言性, entrelaçando linguagem e natureza na natureza dos semblantes.

Para reafirmar que se trata disso, Lacan destaca que, na sequência do texto de Mêncio, há o caractere *ye*, 也, que não significa nada, funcionando apenas como uma pontuação. A interpretação a partir de Mêncio seria mais ou menos o seguinte: sob o céu, é a linguagem que cria a natureza do discurso, a natureza do discurso que é semblante. Esse ato de Lacan, que traz claramente sua marca, principalmente quando vemos Rainier Lanselle não encontrar justificativa para ver aí no *ye*, 也, um motivo para pensar em mais que uma vírgula.

"Por estar no mundo, por estar sob o céu, é a linguagem que cria *hsing* (*xing*), a natureza. Com efeito, essa natureza não é, pelo menos em Meng-tzu, uma natureza qualquer, trata-se justamente da *natureza do ser falante*" (LACAN, 2009, p. 54, grifo meu). Até aqui é como se o escrito fizesse sua primeira asserção. E isso produz uma consequência, que é *ze*, 則. Esse caractere indica exatamente isto, a ideia de uma *consequência*. Lacan enfatiza na escrita de Mêncio qual é a consequência: é *gu*, 故. Por isso não é irrelevante o erro que as duas edições do Seminário apresentam: 故 evoca a noção geral de *causalidade* de um acontecimento, *gu*, 故, é a *causa*. Em vista disso, Anne Cheng o traduz como *donné originel* [dado original] e François Billeter como *donné initial* [dado inicial], ou *ce qui était au départ* [o que estava no começo].

É importante observar com atenção esse caractere destacado por Lacan em função do papel que ele ocupa naquilo que ele desenvolve. *Gu*, 故, é o pivô (FLECHER, 2009) da elaboração lacaniana nesse momento e é ele que será ligado à linguagem para pensar a sua causalidade.

Logo após falar da *causa*, 故, Lacan volta a criticar Richards e Ogden, cujo positivismo lógico exige que um texto tenha um sentido apreensível. Ora, isso vai inteiramente na direção contrária daquilo que Lacan está demonstrando ao eleger um texto clássico chinês, no original, ou seja, em chinês tradicional. Não são apenas as ideias de Mêncio que ele desenvolve. É, sobretudo, um manejo diante da escrita que se distingue da fala. Não de *uma* escrita que se distinga da fala, como de fato é a chinesa, mas, através dela, demostrar como *a* escrita se distingue da fala.

A sequência após 故, que se lê *er yi yi*, 而已矣,[33] tem relativamente menos importância. Ela indica a ideia de *apenas isso*, *somente*, *simplesmente*, para a qual Lacan prefere dar um tom conclusivo. O último *yi* – são dois homófonos escritos de maneiras diferentes – tem na sua formação, mais especificamente na parte superior, um caractere que será usado por Lacan para elaborar uma espécie de esquema da escrita e da linguagem,[34] 厶.

矣 厶

---

[33] Ver página 55 da edição brasileira: *"erh i. O erh* quer dizer, ao mesmo tempo, *e* e *mas*, *erh i*, apenas isso, e, para que não haja dúvida, o *i* que termina, que é um *i* conclusivo, tem o mesmo acento de *somente"* (LACAN, 2009, p. 55-56). Veremos a função desse aspecto conclusivo, de *é somente isso e ponto*, como forma de destacar outro caractere, o *li*.

[34] Ver p. 59 da edição brasileira e p. 63-64 da edição francesa.

Outro caractere fundamental é *li*, 利:

> Pois bem, é justamente aí que é notável ver que o que distingue Mêncio, na ocasião, é que, a partir dessa fala que é a natureza, ou, se vocês preferirem, da fala concernente à natureza, a questão passa a ser a de chegar à causa, na medida em que a referida causa é *li*... É aí que me permito reconhecer, em síntese, que, quanto aos efeitos do discurso, quanto ao que está sob o céu, o que se destaca não é outra coisa senão a função da causa (LACAN, 2009, p. 55-56).

O caractere *li*, 利, tem o lugar de *causa*, de *agente*. Esse caractere é composto por dois outros: *he*, 禾, que quer dizer *cereal*, e *dao*, 刀, que é a chave para escrever lâmina, faca, ou tudo que possa cortar. Quando escrito sozinho, ele tem essa forma, 刀, mas, quando é escrito ao lado de outro caractere para forma um terceiro, sua forma se ajusta. No caso, a composição desses dois indica o *corte dos cereais:* 禾 + 刀 = 利. Semanticamente, *li*, 利, pode ter dois sentidos: 1) pode significar aquilo que evoca a noção de *corte*; de *agudo*; a ideia de algo que corta facilmente, que por isso segue seu curso; um corte rápido, sem resistências, sem dificuldades; 2) pode significar *ganho*, no sentido de salário, bens, vantagens. Cada um dos dois sentidos privilegia um dos caracteres que compõe 利; no primeiro privilegia o aspecto do corte da lâmina, 刀, enquanto no segundo a ênfase recai nos cereais, nos ganhos que se pode obter, 禾. Provavelmente, é o suficiente para concluirmos por qual sentido Lacan optou. Ele privilegiou 禾 para traduzir e interpretar 利. Lacan não hesita ao aproximar Mêncio de Marx. Um com *li*, 利, e o outro com a mais-valia. A intuição do primeiro convergindo com a do segundo se encontrarão na noção lacaniana de mais-de-gozar.

> É aí que me permito reconhecer, em síntese, que, quanto aos efeitos do discurso, quanto ao que está sob o

céu, o que se destaca não é outra coisa senão *a função da causa, no que ela é o mais-de-gozar* (LACAN, 2009, p. 55-56, grifo meu).

O fundamental é a introdução da noção de *li* como mais-de-gozar e da relação deste com a linguagem e o discurso. O mais-de gozar é produzido pelo discurso que é efeito de enunciação e é em torno dele que se pode localizar o objeto *a*. Segundo Guy Flecher, Marcel Ritter propôs uma imagem que ele chama de *carrousel des jouissances* para dizer que um carrossel gira ao redor de um pivô. É nesse pivô que ele situa o objeto *a* enquanto mais-de-gozar, de tal modo que todo gozo circula ao redor desse pivô vazio.

Há uma dupla face na articulação do discurso e da linguagem em relação ao mais-de-gozar. De um lado, ele é a causa do discurso, determinando-o apesar de ser uma causa inapreensível no próprio discurso e que escapa ao sentido. Por outro lado, ao se escutar as voltas de um discurso, é possível extrair dele seu ponto de gozo, a *escrita* que o determinava sem ainda ter sido lida; neste caso, o mais-de-gozar não seria apenas a causa, mas também um efeito de discurso. Mêncio demonstra, aos olhos de Lacan, que não é necessário abandonar o discurso por ele ser semblante. Mostra que, a partir da escrita, e não da fala, se obtém a causalidade do discurso que lhe escapa como impossível. E, ainda, que somente a partir da fala se pode localizar a escrita que a determina.

A escrita é um dos fundamentos da não existência da metalinguagem. Não se fala a respeito da fala, fala-se a partir de uma escrita. "É nisso que o escrito se diferencia da fala, e é preciso reinserir nele a fala, enriquecê-lo com ela, mas não [...] para que ele seja entendido" (LACAN, 2009, p. 57). E, ao mesmo tempo, "é a partir da fala, é claro, que se abre caminho para o escrito" (LACAN, 2009, p. 57). Trata-se de dizer que a verdade do discurso e do sintoma é a verdade do mais-de-gozar.

Contudo as referências ao *ming* e ao *xing* não terminam por aqui. Se mantivermos que a designação lacaniana de *ming* se refere ao Céu (*tian*, 天), *tian ming*, saberemos que ela se refere ao real e à opacidade do gozo. O Céu não pode ser visto como um conjunto de leis, por isso é melhor não considerá-lo como um decreto. A menos que esse termo se coloque desprovido do sentido de um conjunto de regras, e sim, no máximo, como uma sentença decretada da qual não se pode apelar. Estão em questão as noções de real sem sentido e de opacidade do gozo. Lacan comenta a respeito do sintoma e do *ming* em relação ao gozo: "há coisas que nos dão sinal, mas das quais não compreendemos nada" (Lacan, 2009, p. 49).

A proximidade entre o Tao e o Céu (*tian ming*), o indizível e aquilo do qual não compreendemos nada, equivale a dizer que a referência da linguagem, a *Bedeutung* da linguagem é *wu*, é *vazia*. Isso confere ao discurso a condição de semblante separado do real e do mais-de-gozar por uma hiância quase intransponível. A hiância inscrita como uma *barra* (*barre*) em *A instância da letra* se radicaliza. Mêncio concorda com Chuang-tse a respeito da natureza dos semblantes, seu passo (*pas*) não é uma negação (*pas*) disso. Seu caminho (Tao) é o de transitar pelos debates dos diversos *taos* visando encontrar nas metáforas usuais de cada um desses discursos uma metonímia que desloque algo nesses discursos. Através desse misto de metáfora com metonímia, justapondo metáforas metonimicamente, Lacan procura fazer aparecer aquilo que não é visível inicialmente. Tenta tornar aparente a lógica que rege cada discurso do semblante. Ele só não esquece que o cerne do discurso é *wu*, o vazio, pelo contrário, ele o faz aparecer pela metonímia que impõe às metáforas. Isso está bem de acordo com a perspectiva lacaniana de que a metonímia é o suporte do mais-de-gozar.

Mêncio tenta extrair o real e o mais-de-gozar de cada discurso que é semblante, fazendo uso dos semblantes simplesmente para apontar o seu suporte. O discurso é semblante, mas é por ele que podemos aceder àquilo que o causa, o mais-de-gozar.

É preciso dar um passo mais adiante, ir além de constatar a natureza dos semblantes e que sua causa é o real como impossível e o mais-de-gozar. É preciso constatar aí o abismo entre o semblante e aquilo que o causa. Essa hiância que há entre semblante e gozo é correlata da fenda situada entre *ren* (*homem, humano*) e *tian* (Céu), entre *xing* e *ming*. A saída de Mêncio vai mais além de fazer uma conexão a exemplo de uma articulação entre o imaginário e o simbólico. Ele faz mais que um semblante.

A intervenção de Mêncio indica que, entre *xing* e *ming*, não há uma fronteira, não são como dois países ou dois campos distintos, cuja separação é claramente definida. *Xing* é causado por *ming*. É verdade que o homem não tem acesso ao *ming*,[35] mas tem ao *xing*. Ele tem acesso à sua natureza para fazer germinar seus brotos e desenvolvê-la numa direção ou noutra. Se não pode intervir no *ming* diretamente, pode intervir na natureza, no discurso e, através dele, na sua causa, *ming*. Não há, como disse, uma relação entre *xing* e *ming* que os torne homogêneos, o discurso, a linguagem e o significante são heterogêneos em relação à causa, ao real e ao gozo. Por outro lado, *ming* não é exterior em relação a *xing*, não estão numa relação de exterioridade que permita separá-los como se houvesse uma fronteira. Afinal, não há uma independência. O que Mêncio propõe é que a não relação, em termos da fenda que há entre *xing*

---

[35] Não é demais lembrar: Lacan chama de *ming*, mas seria mais correto chamar de *tian* (Céu). Ele faz uso indiscriminado dos dois termos. Temos *tian ming* (Mandato do Céu), ou, *tian* (Céu). Mas como o Seminário faz um extenso uso do termo *ming*, faço uso dele apenas para manter próxima a relação com o texto de Lacan.

e *ming*, não pode ser entendida como uma fronteira, pois essa não relação, esse abismo, se dá não em outro lugar senão no próprio homem. Ele claramente sugere o *ren* como o litoral entre *xing* e *ming*. Está em jogo uma posição dualista inicial que é suplantada por uma ternária. Entre dois campos, há uma hiância que é íntima, e nessa hiância encontramos a ideia de um litoral.

Para Lacan, o chinês não faz uma dupla articulação como os linguistas propõem; mas sim uma outra "articulação dupla", a articulação entre *ming* e *xing*, entre gozo e semblante, articulação que não se apoia nem em uma unidade nem numa fronteira, mas como litoral. Curiosamente, *ren* (homem, humano, benevolência), aquele que faz esse papel de litoral, é escrito 仁 pela junção de 人 (*homem*) e 二 (*dois*).

A escrita do caractere 厶 [36]

O caractere *si*, 厶, não tem nenhuma ligação com o texto de Mêncio. Sua função e seu uso cabem exclusivamente a Lacan e funcionam como uma conclusão do que acabara de ser formulado. É uma topologia lacaniana das relações entre a escrita, a linguagem e o discurso analítico, novamente apoiado na escrita chinesa. É também um modo de manter-se alinhado com a dinâmica ternária que está presente no pensamento chinês, assim como nos três registros – real, simbólico e imaginário –, antecipando nitidamente as construções borromeanas.

---

[36] Os comentários sobre esse ideograma tiveram como principais referências: SIZARET, G. *À propos de ce qu'il y a de chinois dans les séminaires de Lacan* (Disponível em: https://bit.ly/3AvOZ19); FLECHER, G. *Plus de Chine* (Disponível em: https://bit.ly/40BXS3L; e SCHERRER, F. *Le signe, la métaphore et le symptôme* (Disponível em: https://bit.ly/3LvtOCv).

Si em pinyin, escrito *szu* no Seminário, 厶 é a chave de número 28, assim como 刀 é a chave para tudo que indica lâmina, 木 indica tudo que se relaciona com madeira e 口 é a chave para boca. Porém, 厶 é a chave para um número muito pequeno de *palavras*, embora seja amplamente usada quando funciona como um caractere simples que serve para compor outros caracteres (SIZARET, 1961). Por exemplo, a chave aparece na formação de um dos caracteres que Lacan usa para falar de Mêncio, 矣. Ainda, apenas como curiosidade, é possível observar como ela também se encontra num caractere que Lacan voltará a usar para falar da relação entre homem e mulher, *yin*, o mesmo de *yin* e *yang*:

陰 厶

O caractere simples *si* está logo abaixo, fazendo parte do caractere *yin*. 厶 é um caractere usado com frequência e raramente aparece sozinho. Portanto ele não tem em si uma relevância. 厶 pode ter duas pronúncias com significações distintas: 1) pronunciado *si* significa *privado*, *particular*; 2) pronunciado *mou* significa *alguém*, *um certo indivíduo* (SIZARET, 1961). Lacan fala que significa também retorcido (*retors*), mas, segundo Sizaret (1961), seguindo o *Dicionário de Couvreur*, esse sentido não se aplica à segunda pronúncia; não sendo correto pensar em *retors* para esse caractere.

A significação do caractere não é importante, ele vale pela sua materialidade. A sua forma escrita totalmente desprovida de significação é que está em jogo aqui. Tanto é verdade que Lacan fará uso dessa materialidade do caractere. Estamos no cerne do que é a escrita, algo que é absolutamente desprovido de significação, que opera a partir de sua materialidade. A letra e a escrita deixam de ser o suporte do significante enquanto hierarquicamente submetidas à fala. São diferentes da fala, e ela se apoia na escrita. Portanto interpretar não é encontrar a significação da fala nem seu sentido, é fazer aparecer aquilo sobre o que a fala se apoia, escamoteando.

⋏ pode ser verificado nas lições que se seguem à lição sobre *Lituraterra*.[37] O Seminário 18, *De um discurso que não fosse semblante*, apesar da importância central que atribui à escrita, não promove nenhuma torção no sentido de pensá-la numa anterioridade em relação à escrita. Tal fato pode ser observado em *A instância da letra*, e, no Seminário 16, *de um Outro a outro*, isso também se faz notar claramente. Apesar de dizer que não há dúvidas de que a escrita é primordial em relação à fala, o que marcou quase todo o seu ensino até a década de 1970 foi a primazia do significante e, consequentemente, da fala. Ele afirma que a escrita é primordial ao mesmo tempo em que transmite a primazia da fala.

No Seminário de 1971, não se trata de dizer de quem é a primazia ou quem é primordial, mas de demarcar uma diferença, mesmo que aponte uma anterioridade da linguagem em relação à escrita. E é nessa direção que vai o caractere ⋏ como uma topologia, através da qual pretende mostrar que a escrita interroga a linguagem justamente por ser diferente dela. Ele já havia interrogado a linguagem antes, mas somente aí ele o faz a partir de uma heterogeneidade em relação a ela. Lacan destaca os três traços que compõem esse caractere.[38] Assim, ele procura escrever a relação entre a linguagem e a escrita:

---

[37] Principalmente na lição intitulada "O homem, a mulher e a lógica" (p. 120-134, edição brasileira; e p. 129-144, edição francesa).

[38] Na verdade, são dois traços. Como a escrita chinesa tem regras estritas para a sua execução, os "traços" que Lacan enumera como sendo 1 e 2 devem ser feitos num único movimento, sem tirar o pincel, lápis ou caneta, enfim, sem tirá-lo da superfície escrita, para só depois retirá-lo e escrever o traço restante.

No ponto 1, ao alto, ele escreve os *efeitos de linguagem*. Na junção daquilo que seria o encontro do primeiro (diagonal) com o segundo traço (horizontal), ele marca o ponto 2, ali onde eles, os efeitos de linguagem, extraem seu princípio (LACAN, 2009). A esses dois pontos ele nomeia um número 3 que é o traço horizontal, *a realidade do escrito*. Ele não deixa claro se, ao dizer *efeitos de linguagem*, ele se refere a um ponto inicial 1 ou a um traço inicial 1. Quanto ao 3, ele é claro, é o traço horizontal, *a realidade do escrito*. Tendo a considerar dois pontos e um traço:

Caso consideremos dois elementos ao invés de três, nos quais estarão presentes um ponto e um traço, temos o recurso da imagem de que se trata de uma diferença. Além da diferença entre eles, há uma anterioridade do ponto em relação ao traço, indicando claramente que estamos fora da polêmica a respeito de uma anterioridade ou não da linguagem. No Seminário 18, não há dúvida, é a linguagem que antecede a escrita.

A ordem ou sequência têm importância, mas não podem mais ser traduzidas como uma hierarquia. A anterioridade da linguagem deixa de se converter em primazia. Há uma irredutibilidade da diferença a qualquer modelo de hierarquização. Essa diferença irredutível é fundamental para que se possa, de fato, interrogar a linguagem. Não se trata mais de interrogar a linguagem pela via da fala ou esboçar uma letra que tenha dívidas para com o fonema. É a escrita como pura heterogeneidade em relação à linguagem que pode se encarregar disso.

> Eis o que introduzo neste ponto de meu discurso deste ano – só existe questão de lógica a partir do escrito, na medida em que o escrito, justamente, não é a linguagem. Foi nesse sentido que enunciei que não existe metalinguagem. O próprio escrito, na medida em que se distingue da linguagem, está aí para nos mostrar que, se é do escrito que se interroga a linguagem, é justamente porque o escrito não é linguagem, mas só se constrói, só se fabrica por sua referência à linguagem (LACAN, 2009, p. 60).

O traço é diferente do ponto, por isso pode interrogar a linguagem e está em relação a ela. Porém temos, até então, apenas uma referência binária, cujos elementos estão separados por um abismo, por uma hiância. Mêncio fez uma clara opção pelo discurso como forma de fazer aparecer a causa. Essa opção pela linguagem não foi inaugurada por ele. Em Confúcio, já encontramos essa aposta, todavia, como seu enunciado dizia de uma aposta clara no homem, o discurso pode ter sido negligenciado principalmente por comentadores europeus. Confúcio se deixou guiar pela via da linguagem e isso pode ser observado pelas diferentes formas de responder a uma mesma questão que lhe é colocada por diferentes discípulos (BILLETER, 2008). O que conta para ele não é a forma do discurso, mas a justeza do ato, expresso na justeza do gesto ritual.

O gesto ritual é indissociável do homem e da linguagem, visa a uma posição, tocar a enunciação, não pode se resumir a uma execução mecânica. Confúcio foi, acima de tudo, um homem de palavra; segundo ele, o homem honesto tem palavra, ou seja, deve manter em consonância palavras e atos.

O que é importante observar é que Confúcio nos convida a interrogar sobre o que pode ser no *interior*, no seu *espírito*, a relação entre rito e linguagem. O rito é, em suma, um jogo de formas regradas, e a palavra, dirá Billeter, é a maneira de intervir nesse jogo. O rito é o paradigma das relações sociais. Confúcio não leu Lacan para dizer que *não há relação* (*rapport*) *sexual*, mas seu modo de formular um impasse em termos de um *não rapport* é no campo social. Os ritos se impõem como uma concepção ritualística dos *rapports* sociais. Para ele, a palavra porta em sua essência o poder de intervir num jogo que fica de fora da linguagem. De um modo semelhante ao de Mêncio, aposta que o fundamental não se situa na linguagem, pois há uma preocupação nítida com a dimensão do ato, da pulsão, mas é através da linguagem que se pode intervir naquilo que escapa à própria linguagem. Confúcio pôde encontrar nas formulações lacônicas, da concisão das intervenções, um modo de destacar uma função da linguagem completamente independente da comunicação. Confúcio não é Aristóteles, ele não se ocupa de uma discussão acerca das sentenças verdadeiras ou falsas, não se debruça sobre as proposições.

Segundo Billeter, na China, o que a escrita unificou, o rito manteve em ordem. O que iniciou como uma forma de lidar com uma forma de não relação (*rapport*) – a não relação social como um impasse de séculos de batalhas sangrentas –, se tornou um modo de lidar com o que persistiu da não relação mesmo no país unificado. Relações entre soberano e súditos, hierarquia social, relações do filho com o pai, da esposa para com o marido etc., a não relação *social* foi o resto que permaneceu dos tempos de guerra. O rito, o cerimonial, se tornou um modo de intervir nessa não relação, a exemplo do lugar que Lacan pôde conferir ao falo na não relação entre homem e mulher. Lacan encontrou uma forma de expressão dessa não relação numa convergência entre linguagem e ato na cultura chinesa, que se estendeu para a japonesa.

O rito, noção indissociável de *ren* (homem, humanidade, benevolência) é escrito com a junção de dois outros caracteres: um deles também é *ren*, 人, e o outro é *er*, 二, que significa *dois*. O *ren* a que tenho me referido é 仁, a junção dos dois caracteres, para indicar um homem em relação (em função de uma não relação) a outro. A maneira clássica de abordar a função ternária no confucionismo é dada em termos de uma separação entre o Céu e a Terra. Sem que a escrita do caractere me autorize[39] tradicionalmente, farei uso, a exemplo de Lacan, para ilustrar uma noção: entre Céu e Terra há uma hiância, não se tocam:

$$二$$

Para o confucionismo, quem se encarrega de funcionar como um terceiro termo que toca, de algum modo, tanto o Céu como a Terra é o homem, *ren*, 人. Daí:

$$仁$$

Quanto ao taoismo, a questão da não relação persiste, mas é tratada por outra via. Há uma discussão entre Jean Levi e Billeter acerca do posicionamento de Confúcio e Chuang-tse em relação à linguagem. O primeiro tem o posicionamento da maioria dos comentadores: há uma descontinuidade entre os dois pensadores chineses. O segundo considera que, apesar das diferenças, é possível encontrar uma continuidade em relação à linguagem, não aos princípios.

Ambos concordam que Chuang-tse fez uma crítica à linguagem e que se valeu amplamente de recursos retóricos, de contradições e, sobretudo, de ironia. Todo o tempo, Chuang-tse procura demonstrar e denunciar os limites da linguagem, conduzindo-a com frequência a um *nonsense*. O ponto em que Billeter discorda de Levi é: Chuang-tse mostra tais limites

---

[39] 二 significa simplesmente *dois*, o que descreverei em termos de Céu e Terra, a utilização desse termo não tem conexão semântica, faço apenas um uso material da escrita.

fazendo um uso livre de intervenções na linguagem através de uma dramaturgia altamente refinada. Ele se serve de uma competência que fez dele não só um dos maiores pensadores chineses, como também um de seus maiores escritores.

Para Confúcio, toda palavra deve ser um ato, através do rito e, para Chuang-tse, o ato que se produz no rito pode se produzir em outros gestos, em outras ações na condição de que se torne um artesão que saiba manusear o funcionamento das coisas. Segundo Anne Cheng, trata-se mais de um *saber como* do que um *saber o que*.

Nesse ponto, é possível retomar o interesse de Lacan pelo vazio mediano, tão discutido com François Cheng. Duas perguntas então: o que é o vazio mediano e por que ele interessou tanto a Lacan? E por que ele se impõe nesse momento da discussão? O vazio mediano é a resposta radical para a separação entre *yin* e *yang*. Ao contrário da opinião popular que é veiculada entre nós, ocidentais, *yin* e *yang* não formam pares complementares, não formam uma unidade, não formam uma imagem da perfeição. Portanto o uso feito por Lacan dessas noções para falar da não relação sexual é inteiramente precisa. Para falar de *yin* e *yang*, é preciso que se saiba que é uma referência externa a Mêncio. Não é mais dele que se trata, mas do taoismo, de Laozi e de Chuang-tse.

Na base do pensamento chinês, sobretudo taoista, há o *Um* original, que é o *sopro*. Não é uma tradução muito chamativa para a nossa língua. O *sopro vital* ou *sopro primordial* é a unidade originária e é responsável por animar tudo o que é vivo. Cada ser vivo, tudo na natureza é dotado e alimentado por esse *sopro primordial*; cabe a ele religar cada ser ao Tao, que quer dizer *Caminho*.

Numa concepção fenomenológica deste sopro primordial, ele se manifesta em todas as coisas a partir de três formas de sopros que emanam dele: o sopro *yin*, o sopro *yang* e o sopro do vazio mediano. É uma estrutura ternária.

Curiosamente os ocidentais valorizaram e construíram uma série de perspectivas imaginárias em torno de duas das três manifestações do sopro primordial, forcluindo quase que absolutamente a terceira expressão. O resultado imaginário dessa exclusão foi o de formar uma composição binária que se completava, o que não passou de mais uma ilusão. O pensamento chinês não é dual, nem dualista. Numa estrutura binária, teríamos que dizer que essa noção acredita e escreve a relação sexual. Mas não é disso que se trata. Se só houvesse os dois sopros, tudo estaria radicalmente desconectado, desarticulado. Não há interação entre esses dois sopros. Não há nenhum tipo de relação (*rapport*) entre *yin* e *yang*. É preciso que advenha um terceiro sopro para que haja uma articulação. Do *dois,* radicalmente separados, nasce o *três* que permitirá uma conexão antes impossível.

Essa intervenção do vazio mediano não é estática, sua representação é a de movimentos em círculos concêntricos, ao redor de um ponto vazio. Portanto não há um preenchimento do vazio, ele é sustentado como o lugar a partir do qual as conexões se tornarão possíveis. É interessante pensar numa concepção de vazio que sustenta uma estrutura ternária, que se coloca ao centro em torno do qual o movimento é possível e, ainda assim, se mantém como vazio, sem que se vise preenchê-lo. O terceiro termo,[40] seja o *ren* para Confúcio e Mêncio ou o vazio mediano para os taoistas, não é a conciliação que faz a relação sexual existir. Eles funcionam como um caminho, uma via de passagem, ou como diz Cheng, *la voie du dépassement* [o caminho da superação].

O que Lacan propõe como um equivalente do *ren* no confucionismo e do vazio mediano no taoismo? No Seminário 18, ele propõe ao menos três noções. Nos esquemas

---

[40] Vale ressaltar que a noção de *Meio justo* em Mêncio também não é uma expressão de um caminho do meio conciliador.

desenvolvidos na lição "O homem, a mulher e a lógica" é o falo, Φ, seguindo a materialidade do caractere $\measuredangle$ como modelo para o esquema. No momento em que o caractere é introduzido, o discurso do analista ocupa esse lugar. No ponto 1, foram colocados os efeitos de linguagem e, no 3, no traço horizontal, a realidade do escrito; o discurso do analista aparece no ponto 2, funcionando como o terceiro termo entre os efeitos de linguagem e a realidade do escrito. Então, a escrita não é primeira; em primeiro lugar vêm os efeitos da linguagem que podem fazer uma marca inominável, ilegível, como consequência de uma chuva de significantes que deixe um sulco por não valerem como efeitos de significação, mas somente como lugar de gozo.

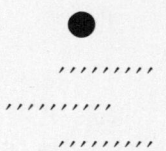

Como uma nuvem derrama chuvas de significantes que povoam e recaem sobre o sujeito. Imerso nessa chuva de significantes, o sujeito pode encontrar alguns com os quais poderá se identificar e se fazer representar no Outro. Significantes que valem como significantes e operam com efeitos de significação. Dessa chuva podem restar significantes que não fornecerão a mesma possibilidade, vindos como efeitos de linguagem, porém sem que se façam apreender com uma significação. Desprovido de sua função de significante, incapaz de conferir um lugar para o sujeito junto ao Outro, incapaz de franquear-lhe uma representação, não permite que o sujeito se inscreva. Contudo esse efeito de linguagem *se escreve* não alhures, e sim no próprio sujeito. A escrita é a escrita do gozo, uma vez que é a erosão provocada pela chuva de significantes que se fixam por serem absolutamente desprovidos de significação e sentido.

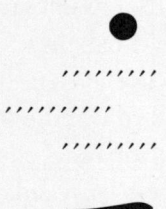

O real da escrita é disjunto do semblante, por isso estão em campos distintos, semblante e real. Entretanto o que a chuva mostra é que, se o real é diferente do semblante, não lhe é indiferente. O real do sintoma decorre justamente de uma certa incidência específica da chuva de semblante num determinado sujeito.

O discurso analítico é, no ponto 2, o que faz a conexão entre os efeitos de linguagem e a marca da escrita que é feita pelos efeitos erosivos dessa chuva. Como diz Lacan, é o cruzamento que permite extrair os seus princípios. Na marca ilegível, desprovida de significação, não há articulação com a cadeia de significantes.

Δ

O que há em comum entre *ren*, o vazio mediano, o falo, Φ, o discurso do analista e o litoral é que todos se situam numa referência vazia. A *Bedeutung* da relação sexual que não existe é uma referência vazia, que pode ser apontada nesse tipo de triângulo cujo terceiro vértice não se fecha. Essa hiância inscrita na materialidade do caractere permite visualizar que não há como fechar o triângulo, nenhum deles toma o vazio como algo a ser obturado, mas como algo com o qual se deve saber o que fazer.

Como aponta Barthes em sua obra, cabe ao discurso do analista a função de fazer operar um efeito de leitura do que choveu do semblante e fez escrita para não ser lida. Cabe a ele fazer o ilegível se inscrever como uma legibilidade possível.

Se o gozo não é primeiro com relação à chuva de semblantes, assim como a escrita também não é com relação aos efeitos de linguagem, o gozo é primeiro em relação ao sentido do sintoma e ao discurso em torno do qual o ser falante vive e fala e regula suas condutas. Diante disso, interpretar o sintoma é saber ler. Por sua vez, ler o sintoma não é outra coisa senão reduzi-lo ao que lhe é primeiro. Reduzi-lo a algo que é anterior ao sentido que sempre lhe foi atribuído. Para isso, o saber ler terá que se deslocar do lugar do analista para o lugar do analisante. A intepretação cujo suporte é a letra é uma interpretação que lê o sintoma, privando-o de sentido. Na interpretação analítica, trata-se de prescindir do sentido na condição de nos valermos dele.

A questão se torna um paradoxo. Diante de duas coisas que estão disjuntas, Lacan procurou saber com os chineses como mantê-las juntas, conectadas. Encontrou a imagem do litoral, recurso bem mais proveitoso que a antiga barra que sustentava uma oposição entre metáfora e metonímia. Melhor, também, que a noção de fronteira. A partir daí a questão se desloca para o modo com que se pode sustentar esse litoral sem deixá-lo escapar e se perder pelo caminho. O *ren* e o vazio mediano são representações chinesas desse litoral.

François Cheng diz que o vazio mediano é particularmente operante no domínio estético, principalmente na poesia e na pintura chinesas. Em torno do mesmo eixo, Lacan busca formas de discursos que possam, a partir do significante, tocar o gozo e seu litoral – como seria o caso da literatura de vanguarda e do sujeito japonês, sem esquecer-se da caligrafia chinesa, que pode exemplificar o que Cheng destacou como operar com o vazio mediano.

Relaxamentodapatadotigrequando saltaosdegrausdaescadadejade

A poesia tem no mínimo duas opções. Ou bem afirma a continuidade do discurso e da palavra, ou bem afirma sua descontinuidade decompondo-a em seus segmentos. Ou ela carrega a linguagem de sentido, ou a esvazia. Se for decompondo, terá que segmentar a palavra e o próprio discurso. Ao afirmar, a continuidade é impedida de ficar em cima do muro e, consequentemente, nega a descontinuidade. Isto é, aproxima e faz as bodas da palavra com o discurso.

Descontinuidade não precisa de desconstrução. Descontinuidade em literatura e poesia implica decomposição. Porém uma decomposição que pede uma recomposição pode conduzir a poesia falada para uma poesia visual. Não seria uma condição, somente uma possibilidade. Foi em torno desse deslocamento em deriva que a escrita chinesa, mais que a própria poesia chinesa, inspirou os poetas ocidentais naquilo que parecia ser, para muitos, a base para uma poesia visual. Para outros, o modo de composição do caractere chinês portava a chave para compor uma nova poesia sem voltar para a afirmação da continuidade.

Em alguns momentos, os recursos linguísticos talvez pareçam insuficientes para marcar a segmentação imposta pela desmontagem do léxico, e também aí o recurso da visualidade se mostrou útil.

Volátil

Virna Teixeira

percorria o cenário:
olho veloz
turbilhão de movimentos
atentos
abria um buquê
de deli-
cadezas
descrevia uma curva no ar
uma curva na curva
do lugar onde
    [se esconde
(Pietroforte, 2011, p. 24)

Segundo a interpretação de Pietroforte, em *abria um buquê* as vogais fechadas *u* e *ê* se contrastam com o verso que diz que o buquê se abre; em *de deli-cadezas*, o *i* e o *e* (cad*e*zas) são vogais fechadas, enquanto o *a* (c*a*dezas) é o máximo da abertura. Há, portanto, uma vogal aberta entre duas vogais fechadas, donde um buquê aberto em *delicadezas*. Além do recurso linguístico descrito, é possível ver o recurso visual de algo que se *esconde* atrás do colchete.

Uma literatura que opte pela continuidade é a mesma que formata seu discurso de modo que a distribuição lexical do texto esteja subordinada a percursos temáticos e a uma narrativa que suporte a significação das palavras numa malha coerente, que viabilize a produção de sentido. Isto é, quanto maior for a organização e o cuidado com o percurso narrativo e temático, tanto maior será a coerência semântica que determina a significação do texto.

Faz parte do processo de criação do poeta estabelecer relações entre as formas fonológicas e semânticas geradoras de efeitos de sentido. Se há arbitrariedade do signo linguístico, na poesia pressupõe-se que ela possa ultrapassar a arbitrariedade e estabelecer relações motivadas entre som e sentido. Por exemplo, em um poema, a palavra *pedra* pode indicar metáforas diferentes ao longo do percurso metonímico desse signo no texto. Falar de pedra num poema não é o mesmo que falar de mineralogia, assim como falar de uma ave não é falar de zoologia. Não cabe selecionar diferentes tipos de pedras e pássaros, classificá-los e depois inseri-los num discurso coerente. Isso fica claro na música "*Tropicana*", de Alceu Valença: "Da manga-rosa quero gosto e o sumo / Melão maduro, sapoti, juá / Jabuticaba, teu olhar noturno / Beijo travoso de umbu-cajá". Não é de frutas que se trata esse discurso, mas de geração de sentido, em que cada uma das frutas vale mais pela possibilidade de relação motivada com o som do que pelo seu valor nutricional.

O poema de Carlos Drummond de Andrade, "No meio do caminho", também é ilustrativo:

> No meio do caminho tinha uma pedra
> tinha uma pedra no meio do caminho
> tinha uma pedra
> no meio do caminho tinha uma pedra.
>
> Nunca me esquecerei desse acontecimento
> na vida de minhas retinas tão fatigadas.
> Nunca me esquecerei que no meio do caminho
> tinha uma pedra
> tinha uma pedra no meio do caminho
> no meio do caminho tinha uma pedra.

Ao usar tinha uma pedra, o poeta dá permanência ao objeto de modo impessoal, porém ao dizer *me, minhas, esquecerei*, usando a primeira pessoa do singular, produz um efeito de subjetividade, portanto nada impessoal. *Tinha uma pedra* que antes era algo objetivo, agora se torna algo do qual o poeta não se esquecerá. Entre *pedra* e *caminho* não há somente uma antítese semântica da pedra que é uma descontinuidade do caminho, há também uma oposição fonológica entre consoantes orais *p* e *d* e as consoantes nasais *m* e *n* (PIETROFORTE, 2011, p. 41). Tais arranjos de formas fonológicas e semânticas através de mecanismos formais da linguagem constituem, portanto, o discurso poético.

Jakobson (2008) propõe, na definição de função poética, os efeitos da projeção do eixo paradigmático sobre o eixo sintagmático, ou seja, as formas que um signo pode manter relações com outro signo: eles podem se relacionar por meio de significantes ou por meio de significados. "A palavra 'pedra', por exemplo, pode ser associada às palavras 'rocha', 'montanha', 'dureza' e 'terra', por meio do significado, em relações semânticas; ou às palavras 'medra', 'treva', 'ela' e 'podre' por meio do significante em relações fonológicas" (PIETROFORTE, 2011, p. 45). Com Jakobson, podemos compreender porque a função fundamental da linguagem não é referencial, e sim poética, uma vez que é ela que revela que, na linguagem, trata de relações de signo com signo. A função poética da linguagem é mais que uma das funções, é a principal função da linguagem do ponto de vista clínico, posto que é ela que explicita que as palavras ressoam sob outras palavras. Mas é preciso ressoar mais do que em outras palavras.

Então, a poesia sempre gerou soluções criativas para articular som e sentido, novos arranjos fonológicos e semânticos. Entretanto os vanguardistas quiseram produzir novos efeitos para além das articulações oferecidas. Para um novo efeito sobre a linguagem que fosse capaz de ressoar por onde ela circule, precisariam também de novos recursos, dentre eles os recursos plásticos e gráficos. Os vanguardistas encerram um ciclo histórico e formal do verso. Se esse era o elemento estrutural básico, ele passou a correr riscos, pois foi decretado o fim do verso. Ora, ele era o coração de um tipo de poesia que procuravam suplantar. Por meio da rima, da métrica, do modo de composição, o poema é o que é em função ritmo, tendo uma unidade rítmico-estrutural que é o verso.

O romantismo havia se tornado o auge das semelhanças e correspondências, sendo o exemplo de uma harmonia entre o poeta, as palavras e a realidade. A garantia e o suporte dessa harmonia era o verso. Na segunda metade do século XIX, os franceses se debruçaram sobre esse problema. Na escrita de Mallarmé, havia a pretensão de fazer do verso uma página virada, como em seu poema "Crise do verso": não há mais modelo celeste, circular, harmônico a ser imitado; a forma não antecede o poeta.

O verso antes era a chave de leitura e o pivô do poema. Com a intervenção vanguardista, ele deixa de ser central e deixa de ser modelo. A crise do verso contesta sua forma e sua função e, desde então, o que era o suporte – entenda-se a rima, a métrica, a versificação – deixa de habitar o necessário para se recolher ao horizonte do possível. Conclui-se que a questão não é só estética, ela é técnica, teórica e ideológica. Os vanguardistas declararam a independência do poema e dos laços lógicos da linguagem. Com isso, romperam com as tradicionais formas de soluções de arranjos fonológicos e semânticos. O visual, isto é, a visualidade, de acessória, passava a reclamar um espaço antes ocupado apenas pelo som e pelo sentido. O poema "69", de E. E. Cummings dá mostras disso:

69
né(comoemsonho)voa

torna
grande cada dim
inuti

vo faz o óbv

io e
str
anho

a

té que
nósmes
mos vi

remos mun
(magic
a
mente)

dos

A palavra *névoa* dividida destaca um voo: *voa*. Enquanto *comoemsonho* entre parênteses é um sonho diminutivo que, paradoxalmente, por *diminutivo* estar distribuído em três versos, torna-se grande: *névoa* torna grande cada diminutivo. O *óbvio*, do modo como está escrito, torna-se estranho.

A poesia ganha dimensões plásticas e visuais. Inicia-se um processo de sincretismo verbal e plástico da escrita. Esta, em sua forma cada vez mais plástica, disponível para uma distribuição no espaço, passa a concorrer em pé de igualdade na produção de significação e de efeitos de sentido. A imagem visual da escrita se presta até a subverter a arbitrariedade do signo. A visualidade da escrita torna (ou faz parecer) motivada o que antes se mostrava arbitrário. Com isso, o poema ganha contorno, espessura, forma; passa a ignorar a racionalidade calculável da geometria das linhas que formavam palavras e passa para uma geometria de figuras. Enfim, a escrita e o espaço em que circulam as letras começam a ser manuseáveis, manipuláveis, palpáveis.

Eu me refugiarei no lado de fora das polêmicas. Para muitos, a mutação radical do conceito de poesia tem data e nome próprio. A data é 1897, o nome próprio é Mallarmé, mas bem que poderia ser "Un coup de dés jamais n'abolira le hasard". Tal poema é o marco da poesia moderna e modelo inaugural de um poema que se liberta da leitura linear, ou seja, abdica do significado final e antecipa o vazio da literatura sem matar a palavra poética. Nele, abre-se um espaço para uma nova forma de fazer e de ler a poesia. Há um texto e ao mesmo tempo um vazio, e é esse vazio que é convidado a se tornar matéria para a poesia. A página deixa de ser local de registro para se tornar um espaço habitado, métrico, vivo de recursos gráficos e de espaços em branco. É difícil entender a crítica que muitos sustentam contra *A obra aberta*, de Umberto Eco, e, ao mesmo tempo, elogiam Mallarmé e o trabalho teórico de Haroldo de Campos. A obra de Mallarmé é um exemplo claro de uma obra aberta e é sabido que Haroldo de Campos desenvolvia as ideias do italiano antes dele tê-las publicado.

Com Mallarmé, a literatura é questionada no que diz respeito ao sentido e à relação que ela mantém com a escrita e com a leitura. Escrever se autoriza como uma prática insensata e nessa direção não seria demais para ele dizer que o verso "remunera filosoficamente a falha da língua" (MALLARMÉ, 2010, p. 162). A língua e a linguagem postas a nu, a partir de um novo objetivo para a literatura: o impossível, encontrar a palavra exata, vizinha do indizível e do silêncio. A poesia rompe com a exigência de sentido e com a compreensão como normas; o leitor que lia deitado antes de dormir poderá perder o sono, é melhor lê-la, se for possível, noutra posição.

Em qualquer comentador da obra de Mallarmé, o leitor encontrará uma virtuosa lista de sinônimos para *descontinuidade* e *ruptura*. Não é preciso gostar dele, só não se pode achar que depois dele tudo continuou como estava. A descontinuidade está na poesia antes e depois de Mallarmé, mas, acima de tudo, na sua própria poesia. O poema pode ser uma mensagem sem fim, conciso, com fraturas e cortes na linguagem, que visam desmontar sintaxes, tudo ao mesmo tempo. Para os irmãos Campos, trata-se de uma poesia para se ler com o olho, ouvido e braile "devagar, com tato, algum palato, muito olfato" (CAMPOS; PIGNATARI; CAMPOS, 2010, p. 85).

Augusto de Campos, diante do trabalho de tradução de Mallarmé, chama a atenção para a questão de uma tradução daquilo que é intraduzível, enquanto Haroldo de Campos nomeia trechos de "Un coup de dés" de *ideogramas*: "O ideograma desta Página lembra também" um ideograma, ou seja, [...] "tende à ideografia" (CAMPOS; PIGNATARI; CAMPOS, 2010, p. 143). Em Mallarmé, o emprego de uma tipografia funcional tem funções claras: a diferença entre caracteres define o motivo preponderante, secundário e adjacente; a posição das linhas na página, caso apareçam acima, no meio ou no canto inferior, comandam a entonação; a imagem do espaço em branco pode indicar o silêncio; a página passa a fazer parte do corpo do poema definindo um comportamento para as palavras dispostas nela, como se fizessem parte de um mesmo ideograma (CAMPOS; PIGNATARI; CAMPOS, 2010).

O francês Guillaume Apollinaire escreveu durante a Primeira Guerra Mundial e publicou, em 1918, *Caligramas,* uma série de poemas como se fossem uma escrita-imagem. No lugar da sintaxe, veem-se desmantelamentos em função da materialidade tipográfica, com enorme variação na narrativa do discurso impedido de seguir um curso formal, formação de ilhas de textos separados de continentes de palavras por espaços em branco. O que salta aos olhos é a relação entre o visível e o legível e o figurativo tomando lugar do signo linguístico. Apollinaire cunhou o termo *Caligramas* a partir da união entre caligrafia – obviamente deveria se referir à caligrafia das crianças, seria inconcebível que julgasse encontrar aqui a caligrafia chinesa – e ideograma. Com toda liberdade poética, chamou-os de ideogramas caligrafados, ou ideogramas líricos.

Os múltiplos percursos de leitura possíveis, decorrentes do modo de disposição gráfico-espacial dos versos, exigem a participação e a implicação do leitor para traçar seu próprio caminho de leitura. Por esse e por outros motivos a tipografia é constitutiva do discurso. À primeira vista, o *Caligrama* parece uma imagem. O poema é convertido, em sua totalidade, numa figura, que é, contudo, formada por versos. Há um jogo visual e discursivo, e por que não dizer que também espacial? Dependendo da distância, não é o poema que se vê, e sim a figura. Uma espécie de anamorfose às avessas. Considera-se que o modo de proceder com esse poema plástico se dá em um constante movimento entre o visível e o legível, sendo que aquilo que os conecta não é uma lógica gramatical. Para o próprio Apollinaire seria uma lógica ideográfica, ele argumenta: "Não se trata seguramente de narração, dificilmente de poema. Talvez, poema ideográfico. Revolução: pois é necessário que nossa inteligência se acostume a compreender sintético-ideogramaticamente ao invés de analítico discursivamente" (APOLLINAIRE, 2008, p. 25).

Acompanho Haroldo de Campos na crítica feita e no apontamento do erro de Apollinaire:

> Na sua transposição do ideograma para a poesia, acabava confundindo assim Apollinaire a noção de ideograma como caráter escrito simbolizando uma coisa, ação ou situação, sem expressar o seu nome, pela justaposição das figuras abreviadas de coisas de alguma forma correlatas, com uma ideia sumária e ingênua de ideograma-figura. E o resultado é que ele acrescenta ao poema algo absolutamente infuncional e dispensável, a figurinha, o desenho

do tema: se o poema é sobre a chuva ("Il Pleut"), as palavras se compõem em 5 linhas ondeadamente oblíquas. Poemas em forma de coração, de relógio, de gravata, de coroa etc., se sucedem em *Calligrammes* (CAMPOS; PIGNATARI; CAMPOS, 2010, p. 183).

Se poeticamente o alcance e a importância de Apollinaire são limitados diante do cenário de uma poesia e de uma literatura de vanguarda, o binômio proposto por ele – visibilidade e legibilidade – contrasta com outros dois que nos interessarão: fala e escrita, ilegibilidade e leitura. A poesia joga com a forma fonológica e com a forma semântica, havendo ainda uma terceira, na qual Lacan parece ter insistido especialmente antes de *Lituraterra* (não necessariamente em relação à poesia), que é a figurabilidade e a dimensão da imagem. Certamente não é em Apollinaire que encontraremos um suporte para discuti-las, uma vez que ele se distancia daquilo a que Lacan se referia. Vale somente como mais uma manifestação de uma nova maneira de pensar a poesia, que era efervescente e, é claro, a noção de *ideograma* perpassando o domínio poético do Ocidente no início do século XX.

A subversão incide também sobre o tempo. Ele não é mais soberano como o era na poesia oral. Na poesia que tem que ser escrita, o próprio tempo é integrado como forma de escrita. Nem tanto porque a escrita fixa o tempo, mas porque o tempo é que se inscreve. Força passagem e sulca o texto. Tudo, ou quase, se torna material ou materializável. A sintaxe se torna visual. Toca-se o limite entre as artes verbais e as artes visuais.

Em resumo, o que há em comum entre os vanguardistas? Uma nova poética que opta pela descontinuidade e pela exclusão da significação. Para uma grande parte deles, o meio para se obter isso se faz através da grafia, do uso da forma visual junto com a fonologia e a semântica. Para Haroldo de Campos, o que sintetiza tudo isso é a noção de *ideograma*. A tentativa da poesia concreta brasileira foi a de reunir nela mesma aquilo que havia de principal da forma de fazer poesia de vanguarda, que julgavam resumir-se no método ideogrâmico de fazer poesia.

Joyce, a escrita-ideograma

O *ideograma* oferecia uma alternativa à insuficiência do verso como unidade mínima de sentido e estrutura rítmico-formal. O melhor exemplo que os concretistas encontraram disso foi em *Finnegans Wake*. A passagem do verso ao ideograma, do ritmo linear ao ritmo espaço-temporal seriam as novas estruturações possíveis da linguagem e se equivaleria, segundo Décio Pignatari, ao que Joyce chamaria de relação de elementos verbivocovisuais. O método de composição joyceana em *Finnegans Wake* seria uma "composição sintético-ideogrâmica", como diz Haroldo de Campos (2006, p. 141).

O que consideram ser a teoria do ideograma aplicada à poesia, referindo-se a Pound e Fenollosa, se torna uma das noções-chave dessa nova forma de fazer poesia. Ele é considerado uma revelação para a estética moderna. A palavra escrita de Joyce seria uma *palavra-ideograma*. A divulgação de uma teoria a respeito do método de composição do ideograma como método para a composição poética coube a Ezra Pound, que todos sabem ter sido editor de James Joyce. Pound, de certo modo, a herdou de Ernest Fenollosa. Em 1913, a viúva de Ernest Fenollosa procurou Ezra Pound de posse dos escritos de seu marido, dando a ele a liberdade de publicá-los onde ele os quisesse. Havia uma única condição, a de que esses escritos fossem tratados como literatura e poesia, e não como filologia. Isso poderia ser compreendido indiretamente, uma vez os manuscritos foram entregues também a um poeta, e não a um filólogo. Isso determina os rumos que a leitura de Fenollosa deve ter. Pound já havia dado mostras do seu interesse pela poesia japonesa, mais especificamente pelo *haikai* e, como outros imagistas, considerava que a arte e a poesia japonesa eram como imagens, no sentido pictórico ou visual. Talvez isso tenha contribuído na recepção dada por Pound ao texto de Fenollosa, fazendo com que ele penetrasse no cerne da circulação da poesia contemporânea.

Os caracteres chineses como instrumento para a poesia

A tese de Fenollosa é a de que os caracteres da escrita chinesa são instrumentos para a construção poética. A vocação e o sentido desse texto devem ser tomados literalmente naquilo que ele se propõe, que é verificar a função poética do caractere chinês como meio para a construção da poesia. Ele não pode ser lido por aquele que procura aprender algo sobre a língua chinesa, sobre a escrita chinesa, nem mesmo por aquele que quer compreender o que é um caractere chinês. É em torno desses desvios que se multiplicam as críticas mais severas e equivocadas a seu respeito. Sinólogos, filólogos e linguistas se revezam para denunciar as imprecisões e erros grosseiros de Fenollosa. Mas essa perspectiva só é verdadeira quando se esquece de que ele não tinha como objetivo introduzir suas ideias em qualquer um desses campos. Um argumento frequente é que ele dá ênfase a um processo de formação do caractere chinês que, na verdade, recobre apenas uma pequena parte dos caracteres existentes. Essas críticas têm fundamento, mas fora do âmbito da poesia. Resguardando esse campo de ação, a sua obra se tornou um marco não só para a poesia de vanguarda, como também para estudiosos chineses e japoneses.

Para Fenollosa, o estudo da poesia depende da linguagem e o caráter distintivo principal entre função referencial e função poética da linguagem (JAKOBSON, 2008) decorre de uma diferença de forma, ela depende do caráter plástico. Ele teve a sensibilidade de perceber e de demonstrar que, na poesia orientada pelas línguas fonéticas, o que está em questão são relações intercambiantes entre som e sentido, ao passo que, na escrita poética chinesa, o elemento grafemático é o que ocupa um lugar predominante. A inovação de Fenollosa foi exatamente seu ponto mais sensível às críticas. A insistência do aspecto pictural do caractere chinês transformando-o numa imagem, quase uma pintura de virtudes expressivas, foi, para muitos, seu maior desvio. Ele não nega a relação fônica incluída no caractere, mas não se dedica a tratar dela. Por isso pôde ser ironizado, afinal o caractere chinês é uma escrita, não um desenho ou uma pintura. Por outros, ele foi enaltecido por tornar visível aos olhos opacos uma operação que escapava à poética ocidental, embora estivesse estruturalmente presente na escrita chinesa.

Os concretistas viram nele o caminho para uma materialidade do signo e do espaço; Eisenstein encontrou ali as bases para um processo de montagem, de combinação; Pound viu ali um método de fazer poesia, o método ideogrâmico ou ideogramático; os imagistas encontraram um elogio da imagem visual; e ainda existem aqueles que se esbanjam nas qualidades metafóricas do ideograma – mas sempre numa perspectiva poética.

A função pictural do caractere chinês está para Fenollosa assim como o emblema está para Marcel Granet. São ideias centrais e ambas se referem ao mesmo objeto, a escrita chinesa do caractere. O impacto da tese de Fenollosa autoriza o caractere chinês a diversos usos que têm como pivô a *forma*, a *imagem*, a *visualidade*. Seja pela figuração, pela combinação ou pela riqueza de possibilidades metafóricas com um mínimo de recursos linguísticos, o que ele desenha pode ser visto em paralelo com o que foi proposto por Jakobson. Para esse linguista, toda coincidência fonológica pode ser apreendida como um parentesco semântico. Quase num paralelismo, Fenollosa parece propor a mesma fórmula, substituindo apenas a *coincidência fonológica* por uma *coincidência pictural* ou *visual*.

A leitura oferecida por Fenollosa abre espaço para as virtudes metafóricas do caractere, mas não explora a metonímia que estabelece deslizamentos entre as metáforas que se sucedem. Não que a ignorasse, só não a coloca em destaque, como o fez François Cheng, por exemplo. Lacan se interessou pela poesia chinesa também como uma outra forma de operar com a metáfora e a metonímia. Para seguir essa pista, será preciso mais do que o texto de Fenollosa.

Haroldo de Campos foi um grande intérprete de Fenollosa e um defensor de suas ideias. No caminho feito por ele, pode ser observado que a interpretação do autor americano se deu a partir de Derrida. Ler Fenollosa com Haroldo de Campos por vezes parece ser um exercício de ler Fenollosa aos olhos de Jakobson e Derrida. Seria preciso entender as consequências que isso implica.

Realçando a importância da tese fenollosiana da relevância do aspecto visual, figurativo do caractere chinês, é importante observar nela uma outra tendência que, se não compromete para o poeta, não resguarda o psicanalista. Ela tende a se concentrar numa lógica dos semblantes. O império visual do caractere apontado por ele corre o risco de resumir-se a uma operação com os semblantes, aproximando a escrita do caractere a tal ponto da pintura que pode afastá-la da escrita. Mesmo na pintura, os chineses não se limitaram a operar apenas com a imagem, eles encontraram formas de introduzir o vazio no pleno das imagens.

O domínio estético chinês não pode ser pensado na exterioridade dos princípios que fundam seu pensamento. A pintura, a música, a poesia sempre foram, em maior ou menor grau, perpassadas por alguma grande tradição do pensamento acerca do vazio. Para um artista pode ter sido o taoismo, para outro o confucionismo, para um terceiro o budismo e para alguns outros mais de uma dessas fontes. Nesse sentido, aqueles que julgam esses três grandes eixos do pensamento como religiões certamente diriam que a arte chinesa nunca tenha sido laica. Pensando fora do contexto religioso, que muitas vezes de fato ocorreu, a arte chinesa pode ser vista como a expressão de uma busca do artista para encontrar a aplicação prática, o manejo concreto das noções fundamentais desses pensamentos. No caso, o artista chinês nunca se interessou por retratar a realidade, o mundo ou mesmo o corpo humano.

O vazio está no centro do pensamento chinês, assim como da arte chinesa, seja na poesia, na música ou na pintura, ele exerce uma função de pivô. Ao mesmo tempo em que o vazio é uma noção até certo ponto incontornável para o pensamento, é em torno dele que a arte adquire seu valor. O vazio como princípio básico pode ser encontrado, por exemplo, nas interpretações musicais sob a forma de ritmos sincopados e, principalmente, pela presença do silêncio (CHENG, 1991). O silêncio introduzido na música rompe o desenvolvimento contínuo dos sons criando um espaço que oferece ao próprio som outras possibilidades de ressonâncias.

Na poesia, a introdução do vazio decorre de artifícios de linguagem, como a supressão de palavras vazias e a utilização de paralelismos[41] em pontos cruciais do poema. Esse processo de ruptura e reversibilidade que invadem o encaminhamento linear do discurso aponta para o movimento do poeta que busca, na criação do poema, inscrevê-lo exatamente no espaço em que o homem e o mundo encontram-se separados. No paralelismo e na reversibilidade, ele tenta instaurar um litoral em que as heterogeneidades se interpenetrem. Uma hora o homem e a montanha, noutra o homem é a montanha,

---

[41] Em *A instância da letra* é justamente em relação ao paralelismo que Lacan se refere à poesia chinesa.

para em seguida a montanha ter características de um homem. Não é uma relação de sujeito e objeto. É uma relação de sujeito a sujeito. A heterogeneidade entre homem e montanha, a exemplo daquela que há entre saber e gozo, é o lugar que é visado e que orienta o cerne do poema. A reversibilidade mostra que não há uma separação por uma fronteira e que não se trata de um *dentro* e *fora*.

O recurso da poesia é frequentemente linguístico e provisoriamente pode ser diferenciado do recurso visual da pintura. Quando François Cheng diz que é na pintura que o vazio se manifesta de maneira mais visível, é preciso ter a percepção de que na escrita poética chinesa a dimensão visual não estará excluída, sendo, ao contrário, um de seus principais recursos. A diferença é que o recurso visual da poesia é um modo de romper o semblante e de produzir um efeito de equivocidade, sendo uma das maneiras de forçar a língua. Enquanto na pintura a visualidade é seu modo por excelência.

O vazio se manifesta na pintura chinesa[42] pela presença de espaços não pintados do quadro. O espaço literalmente vazio do quadro não é inerte, ele dialoga com o conjunto do trabalho, sendo essencial para o resultado final. Geralmente é ele o responsável pelo que há de mais vital no quadro. Uma outra forma de introduzir o vazio na pintura se dá não exatamente por um espaço não pintado, mas pela presença frequente de nuvens e névoas. É quase icônica a imagem de pinturas chinesas contendo uma montanha que tem abaixo um rio e, entre eles, uma nuvem em uma imagem explícita da noção de litoral. Não é preciso ser um conhecedor de pintura chinesa para se ter essa imagem em mente, ela é

---

[42] Sobretudo durante as dinastias Song (960-1279) e Yuan (1264-1368) esse espaço não pintado chegou a ocupar, algumas vezes, até dois terços do espaço do quadro.

extremamente frequente. Todos já vimos uma tela chinesa desse tipo em algum momento. Em torno dessas fortes metáforas culturais chinesas, montanha e água, a pintura também se encarrega, à sua maneira, de operar um paralelismo e uma reversibilidade, apoiados na noção de litoral, por mais que eles o chamem apenas de vazio (vazio mediano).

Fonte: Shitao 石涛 (1642 – c1718); parte de um álbum de pinturas retratando poemas da Dinastia Tang

A pintura chinesa não se limita a reproduzir o aspecto exterior das coisas; na verdade, ela tenta captar as linhas internas e fixar as relações opacas que existem entre elas. O modo com que representam a verdade como sendo opaca em relação à aparência das coisas faz com que o pintor queira fazer do traço de seu pincel o traçado das linhas internas, que dão vida a cada elemento a ser pintado. Isso opera um deslocamento praticamente inexistente na maior parte da história da pintura ocidental: o centro é deslocado da forma da pintura para o traço do pincel. Mais do que a nuvem entre montanha e rio, mais do que os espaços vazios das telas, é o traço do pincel a principal caracterização da noção de litoral.

Não encontramos em nenhum momento da história da arte chinesa, especificamente da pintura, o nu tal como o encontramos amplamente na arte ocidental, renascentista ou não. As figuras humanas nas pinturas chinesas dão impressão de um completo desconhecimento da anatomia humana, as articulações fazem ângulos muitas vezes impossíveis, além do mais ninguém encontrará um corpo nu pintado, ou mesmo esculpido, tal como em Da Vinci ou Michelangelo. Por que se dá esse fenômeno? Não é em absoluto por qualquer desconhecimento da anatomia humana nem por uma suposta inabilidade dos pintores chineses. A absoluta inexistência do nu na arte pictural chinesa se dá porque não é isso que os pintores buscam. Não visam à representação da realidade em termos da mimese platônica. Isso pode ser acompanhado no trabalho publicado por François Jullien, *Le nu impossible* [O nu impossível] (2005). O que os pintores buscavam era a captura do *sopro*, do vazio mediano, do próprio vazio através do exercício de sua arte. Se para Confúcio falar é um ato, a pintura para o pintor chinês é um pensamento em ação (CHENG, 1991), um pensamento em ato.

O pensamento estético chinês é fundado sobre uma concepção organicista que propõe uma arte que tende, através de toda a sua história, recriar um microcosmo que seja reflexo de sua cosmologia ou se dedica a encontrar uma ação, um ato, que se traduzisse na própria ação de litoral do vazio mediano. A busca pelo gesto perfeito visa menos à estética do belo como a conhecemos – ela visa a um gesto que seja o próprio sopro do vazio mediano. Uma ação e um gesto nos quais o vazio mediano é o lugar interno em que se estabelece a fonte do *sopro vital* (CHENG, 1991).

Por isso, o traço do pincel adquire, para o pintor chinês, um extremo grau de refinamento. Ele não visa à representação, ele não se inspira pela forma. É exatamente o contrário daquilo que grande parte da arte pictural ocidental tentou alcançar. O refinamento do traço do pincel age no sentido de romper o invólucro da forma e fazer saltar de seu interior a força pulsante do sopro ou, se preferirem, do vazio. É com pincel e tinta que o pintor consegue romper o semblante e fazer emergir o gozo.

A tinta e o pincel, nas mãos do pintor e calígrafo chinês, não estão a serviço da forma, mas na busca pelo sopro que encontramos em apenas um caminho: dissolver o que constitui a forma numa total ruptura do semblante. Por isso, na China, segundo François Cheng, dentre todas as artes a pintura ocupa o lugar supremo. Sendo um pensamento em ato, é ela que revela o mistério do universo. Com relação à poesia, ela pode servir como um Outro, afinal ela inspira a própria poesia a buscar não a forma dos versos e das palavras, mas o gesto que movimenta a criação.

A noção de *Yin-yun* não deve ser confundida com a noção de *yin-yang*. O *Yin-yun* é anterior ao *yin-yang*. Não se trata de um sopro de fato, alguns procuram traduzi-lo como *caos*. Nele os sopros *yin* e *yang* ainda são puro devir. Os chineses diriam que é um estado de não ser não estático, mas no qual pulsa o movimento para vir a ser, como uma espécie de impulso criador. Vale lembrar que é um pensamento que se absteve da imagem de um Deus criador, estando livre para ressurgir nas mãos que seguram o pincel embebido de tinta. O pintor antes de começar a pintura deve primeiro estar em consonância com esse desejo de criação, um desejo que executará, no próprio gesto da pintura, a passagem do caos para a vida, para a essência da pintura, ou seja, o sopro e o vazio. Portanto *Yin-yun* não se confunde com o vazio; deve estar presente enquanto força que impulsiona desde o início da obra e, principalmente, durante todo o movimento de sua execução e permanecer viva após o término. Um pintor achará que fez um bom trabalho não quando obtiver um determinado resultado estético, mas sim quando conseguir ser movido e mover sua mão para dar escoamento a um gesto que recrie todas as coisas.

Quando se fala de traço único, ou unário, do pincel, não está em jogo tanto a imagem da tinta sobre o papel; mas, mais do que ela, que é a materialidade da pintura, está em jogo o gesto, o movimento. Falar de traço único do pincel é falar essencialmente de um gesto único da mão, do pincel e, de certo modo, da tinta.

Shitao: entre a pintura e a caligrafia

O período de maior efervescência cultural e artística chinesa foi durante a dinastia Tang (618-907). Não sem motivo, Paul Demiéville e o próprio Cheng se dedicaram especialmente ao referido período. Por outro lado, o pintor chinês que mais suscitou um interesse em Lacan foi de um período bem mais tardio, do período em que a China foi dominada pelos manchus, na dinastia Qing (1644-1912). A situação de dominação forçou um afastamento entre arte e política e uma nova classe de artistas se forma numa espécie de *nouvelle vague* (CHENG, 1991), que passa a ser designada como os Quatro Eminentes Monges-Pintores, embora tenham feito vias absolutamente solitárias: Hung Jen (1610-1663), K'um Ts'an (1612-1693), Chu Ta (1626-1705) e Shih-t'ao (1641-1710).

Shih-t'ao, que nos habituamos a chamar de Shitao, teve uma personalidade complexa que refletiu na sua marca como pintor. Ele escreveu um dos textos teóricos mais importantes do pensamento estético chinês: *As anotações sobre pintura do monge Abóbora-amarga* [*Les propos sur la peinture de moine Citrouille-Amère*], esse foi um dos textos estudados nos encontros de Lacan e Cheng.

É nessa obra que Shitao renova a tradição pictórica chinesa (CHENG, 2003), e é dela que podemos extrair essa relação íntima entre as noções de *yin-yun* – que Lacan preferiu chamar de traço unário do pincel ao invés de traço único do pincel – e a de receptividade.

Apesar de Shitao dizer que não é preciso uma grande disciplina nem uma assiduidade para o exercício da execução do traço, devemos lembrar que se trata das orientações de um monge, cuja disciplina pode ser deduzida. A retórica que permeia a descrição de Shitao é bem própria aos discursos monásticos chineses comuns tanto ao taoismo como ao budismo *ch'an*.

Por outro lado, é possível reconhecer um princípio que orienta os ritos em Confúcio. Tanto nos ritos para ele quanto na noção de receptividade para Shitao, a ação tem de estar em conformidade com o que um situa no coração e o outro na alma. Ambos se referem a uma ação que coloca em relevo a enunciação. Independentemente do nome que cada um dê, é uma enunciação que é visada, algo que parta de uma posição do ser falante, e não de um aspecto formal.

Antes mesmo de Shitao, o traço do pincel já havia se tornado primordial em relação à pintura. É possível ir ainda mais longe e dizer que nele encontramos mais do que uma representação chinesa da noção de litoral. O traço do pincel é o próprio manejo do litoral e da letra no domínio pictural dessa prática significante.

Duas outras práticas significantes se encontram na pintura fazendo-se presentes ainda que tenham em relação a ela uma autonomia. Trata-se da poesia e da caligrafia. Desde a dinastia Tang, iniciou-se uma prática que se tornou constante a partir da dinastia Song: o uso de poemas nas pinturas. Muitos talvez se recordem de terem visto pinturas chinesas com uma série de caracteres escritos na própria tela. São poemas. Eles não visam interpretar ou comentar a imagem pintada, nem compõem uma realidade separada do quadro. Não há um hiato que os separe. Assim como o espaço não pintado faz parte do quadro e lhe confere movimento, o mesmo ocorre com a poesia. O ritmo da poesia se agrega ao ritmo da pintura.

É curioso não haver um comentário específico de Lacan a esse respeito, uma vez que é uma característica marcante na pintura chinesa como um elemento fundamental na construção da teoria da escrita em Lacan. O poema na pintura não explora as virtudes figurativas da materialidade dos caracteres. Já há o suficiente a ser dado ao olhar em uma pintura. O ritmo que ele suscita é o ritmo próprio de uma poesia oral, que deverá ser lida em voz alta, pelo que ecoa de sua tonalidade. Em outras palavras, é a inscrição da dimensão da fala sobre a inscrição de uma imagem que se esboça como escrita – muito embora não o seja.

A poesia na pintura revela o pensamento do pintor-poeta no momento que antecede a criação. Portanto não há um pintor que convide um poeta para escrever em sua pintura, nem se trata de uma citação de outro poeta. Tornou-se comum que um pintor fosse ao mesmo tempo poeta e calígrafo, não necessariamente nessa ordem. Um poema escrito em uma pintura não é exatamente apenas um poema, posto que não precisaria estar ali; nem é exatamente apenas uma pintura, que o dispensaria. O manuseio do litoral parece nunca ter deixado de presentificar-se de diferentes maneiras na arte chinesa.

A caligrafia chinesa

A outra prática significante que se confunde com a pintura é a caligrafia. No entanto é preciso ter clareza que são dois domínios distintos. A caligrafia não é uma pintura, assim como esta não é aquela. Shitao foi um calígrafo, cuja habilidade é igualmente apresentada tanto na pintura quanto na caligrafia. Sua caligrafia, a exemplo de sua pintura, foi extremamente variada e pulsante. Por mais que o livro de Shitao lido por Lacan aborde basicamente a pintura (há referências também à caligrafia), não se pode considerá-la como sendo, junto à caligrafia, uma única e mesma arte – ainda que a tangencie e que suas considerações lhe caiam bem. Essa facilidade de adesão com a caligrafia se deve a dois fatores: primeiro porque a própria pintura já havia encontrado no traço do pincel seu cerne; segundo porque o valor do traço para a pintura é, ele mesmo, uma importação da caligrafia. Não se trata de mera coincidência, a caligrafia influenciou de maneira decisiva a pintura chinesa.

A arte do traço na caligrafia introduziu uma arte do traço na pintura – lembrando que se trata menos da transmissão de uma técnica do que de um princípio que implica movimento/gesto, instantaneidade e ritmo. A apreensão do movimento da mão do calígrafo que faz o traço sem o recurso do retoque, tentando capturar o sopro, executando uma prática do litoral, é absorvida como fundamento para a pintura. Isso é ainda mais facilitado em virtude de uma interseção inexistente na cultura ocidental: o pincel que pinta o quadro é o mesmo que escreve a letra. Com a diferença de que na pintura há uma abundância de traços enquanto na caligrafia há economia deles. A caligrafia sempre é uma operação de redução.

A partir dos Tang, como pode ser visto em Wu Tao-tzu, a execução de um quadro é feita de maneira espontânea e sem retoques, a fim de executar o ritmo dos gestos sem que ele seja interrompido (CHENG, 1991). Esse é o princípio da caligrafia, que, sempre em relação a uma escrita, sempre em torno de um caractere – o que não é o caso da pintura –, passa a buscar nele outro modo de apresentação que supere o de uma simples grafia. A preferência pelo estilo cursivo se dá, também, em virtude de poder realizar o traço sem retirar o pincel do papel, interrompendo assim o ritmo vital.

Os chineses haviam se habituado, através da caligrafia, a valorizar a prática de tocar as coisas concretas pela via de traços mais íntimos e essenciais, o que abriu caminho para um tipo de pintura que se tornou predominante.

A arte da escrita chinesa, chamada por nós de caligrafia, é, sobretudo, um modo de tocar o corpo. Ela visa à ressonância no corpo, e não a uma ressonância semântica. Na caligrafia chinesa, Lacan encontrou uma das práticas significantes que visam a uma ressonância outra que não a semântica.

A manobra ou manuseio do pincel é de suma importância na arte da escrita chinesa. O pincel deve ser mantido numa posição absolutamente vertical, sem apoiar os cotovelos sobre a mesa e sem segurá-lo em nenhuma de suas extremidades. A somatória de regras estritas para a execução da arte caligráfica pode parecer a um iniciante alguma coisa fora do bom senso e da naturalidade de um movimento que cabe a uma escrita. Toda a disposição do corpo em relação ao pincel e à mesa deve ser seguida e acrescida das demais condições para a execução. Elas exigem do corpo uma disciplina que realmente não lhe é natural.

Dito de uma maneira bem simplificada, a caligrafia comporta pelo menos três momentos básicos na sua execução, o início, o meio e o fim, cada um deles é marcado por sua devida função e importância. O primeiro geralmente é chamado de ataque, *qi bi,* que significa o primeiro lance, o primeiro contato do pincel com a superfície. Ele pode ser direto, que é o mais usado na forma cursiva, *caoshu*, e é bem característico pela sua vivacidade; ou indireto, que procura dar mais forma às extremidades, sendo mais suave e usado na forma regular, *kaishu*. O segundo é o desenvolvimento, *xingbi*, que significa fazer seguir o pincel de modo a realizar a forma do caractere. Por fim, o encerramento ou término, *soubi*, o movimento de conclusão e retirada do pincel para fechar o elemento.

É estritamente em função do movimento do pincel que a escrita caligráfica se transforma numa realidade sensível. A manobra do pincel pode dar a um caractere simples uma potência e uma densidade inexistente na sua forma regular, do mesmo modo que pode dotar um caractere complexo de uma pureza e de uma simplicidade ímpares. É o manejo do pincel que transporta uma forma de sua universalidade para uma realização original e única. Exatamente como observou Lacan em *Lituraterra* ao dizer que "o singular da mão esmaga o universal" (LACAN, 2003, p. 20).

É de posse de uma liberdade de expressão que se usa a palavra *traço* para indicar o traço do pincel ou a arte do traço no que se refere à caligrafia chinesa. Para os chineses, segundo Jean François Billeter, o pincel não foi conhecido por produzir traços, ele se tornou o meio para engendrar formas de outra ordem.

A rigor, não é necessário um pincel para se fazer um traço. Ao contrário, o pincel é aquilo com que não é possível fazer um traço. A linha geométrica influenciou a arte europeia impondo inicialmente dois campos distintos: de um lado a linha, desprovida de cor, espessura, com toda a sua natureza abstrata, intelectual e racional – seu papel é basicamente o de separar, definir, ordenar, medir e representar o número e a proporção; de outro lado a pintura com cores, textura e outras qualidades sensíveis que não são mensuráveis, mas fazem apelo aos sentidos. O que se deve entender por traço do pincel na arte da caligrafia chinesa não tem nenhuma vizinhança com nenhuma dessas formas em ação na arte ocidental. Na tradução do livro de Shitao para o francês, Pierre Ryckmans traduziu *hua*, como *trait de pinceau*. *Hua* tem o sentido de *elementos alongados, desenvolvidos*; mas pode significar também o *gesto de traçar, a ação de executar aquilo mesmo que é traçado*. Partindo do termo usado por Shitao, *hua*, é possível apreender que ele pode ser entendido, grosso modo, como traço do pincel, levando-se em conta as observações feitas e também a ação, o movimento que executa aquilo que se inscreve sobre uma determinada superfície. A indecidibilidade de *hua* como traço do pincel ou a ação da mão e do pincel não implica a exclusão de nenhum deles. Na verdade, auxilia o entendimento do que trata a caligrafia chinesa.

Ainda é preciso compreender a que Lacan se referia ao dizer "o que deles se elide na escrita cursiva" (LACAN, 2003, p. 20). O *caoshu* é um estilo composto por caracteres acentuadamente modificados para uma escrita rápida, quase como uma estenografia, como se tentasse capturar o elemento também por uma contração do tempo. O tempo no uso da escrita cursiva não é tomado como uma extensão, nem é explicitamente visado, funciona mais como um relâmpago. Na sua execução, a ênfase recai sobre o ataque e o término contraindo o desenvolvimento a um status menor. Contudo isso em nada compromete a qualidade da caligrafia, sendo apenas um modo de manejar com o ritmo que ressoa de uma posição subjetiva, passando pelo corpo, pelo pincel, tinta e papel, para ressoar no corpo.

Existem casos em que a redução operada pela escrita cursiva *caoshu* ainda conserva alguns elementos do caractere original, no entanto apenas um conhecedor da arte poderia identificá-los. Isso porque a economia de movimentos, a redução, faz com que um caractere que pode ser formado por vários outros caracteres – e consequentemente por vários traços – seja escrito em *caoshu* com apenas um traço e um único movimento rápido. Em casos mais, extremos o gesto do calígrafo pode elidir completamente a forma regular do caractere. Nesse caso, a forma clara e definida do caractere no seu estilo regular *kaishu* é inteiramente substituída pela opacidade obtida pela caligrafia em *caoshu*.

O calígrafo rompe o semblante para fazer aparecer a opacidade do gozo. Vale-se do recurso significante e do efeito de sentido para, através deles, romper a forma e intervir com a letra. Abre mão da ressonância semântica quando desprovê o significante de sua forma legível, de seu semblante, para obter num manejo do litoral, intervindo com a letra, obter uma escrita ilegível embora plena de ressonâncias no corpo.

O convite do calígrafo àquele que lhe contempla a obra é um esforço de leitura, no sentido lacaniano de leitura do sintoma. De modo algum o objetivo da caligrafia é ser posta como objeto de decifração. Lacan não encontra no *caoshu,* por estar elidido, o significante, o semblante. Ele encontra o escoamento das águas da planície siberiana, metáfora maior de Lacan para falar da caligrafia. A escrita cursiva, *caoshu,* é o escoamento das águas oriundo da chuva de semblantes. Não há como se fazer sujeito sem que haja uma operação de conjunção entre a chuva de semblantes e a escrita do escoamento das águas, entre o estilo regular/significante (efeito de linguagem) e a opacidade da escrita caligráfica. Onde Lacan nomeou o litoral é onde ele situa uma conjunção por onde se faz o sujeito.

Para entender porque a pintura demonstra seu casamento com a letra sob a forma da caligrafia é preciso reforçar, em primeiro lugar, que a pintura em questão é também a chinesa, com algumas características já descritas. Em segundo lugar, que a caligrafia é diferente da pintura, apesar dos pontos de tangenciamento. Terceiro, que uma se dedica à escrita, a outra toma predominantemente elementos da natureza. E, por fim, reforça-se que a caligrafia pode parecer uma pintura pelas qualidades estéticas, do mesmo modo que pode parecer uma escrita de significantes, mesmo não sendo. Ela é o exemplo de como o semblante da pintura pode ser rompido, fazendo aparecer a letra. Se Lacan chama isso de casamento é por levar em conta a união que se viabiliza pelo litoral, sem esquecer-se do furo que ela implica, já que não é pintura nem uma escrita regular. Um casamento que não se faz sem descontinuidade. É a façanha de fazer uma rasura sem ter que apagar coisa alguma.

O sujeito japonês

A façanha da caligrafia, segundo Lacan, não dá chances para um ocidentado... mas quem sabe para um sujeito japonês? É possível que entre os psicanalistas o tema *Japão* suscite mais curiosidade do que o chinês. O próprio Barthes falou de um *sistema Japão*, sem propor algo análogo para a China. Viu ali um império de signos que Lacan preferiu chamar de império dos semblantes. Destacou uma série de aspectos da vida do japonês desde a culinária, arte, poesia, teatro, passando pelas máquinas caça-níqueis até o cerimonial, entre outros. Essa pletora de signos facilita o caminho para falarmos de pintura japonesa, caligrafia japonesa, por exemplo. Todavia não é a mesma coisa falar de caligrafia e de língua japonesa.

A escrita japonesa foi importada da China de uma maneira mais sistemática no século VI. Esse processo havia começado por volta do século IV, mas só ocorreu de maneira mais consistente quase dois séculos depois.

Os japoneses até então não haviam desenvolvido uma escrita e, a exemplo dos coreanos, encontraram na escrita chinesa o sistema de que tanto necessitavam. Porém as duas línguas não só não são iguais, como têm características bem distintas. A língua chinesa é basicamente morfemática, na qual uma sílaba praticamente se equivale a uma palavra, enquanto a japonesa é constituída de várias sílabas. O que um chinês pode falar usando apenas uma sílaba, o japonês geralmente precisa empregar mais de uma. Somente isso já nos dá uma ideia de como esse ajuste exigiu um esforço. Além de ser polimorfêmica, na língua japonesa os tons estão absolutamente abolidos, não havendo qualquer distinção de tom a ser grafada, ao passo que a chinesa é basicamente tonal. Cada variação do tom de uma palavra falada em chinês encontra um caractere que lhe é correspondente. Como encaixá-la numa língua que desconhece a variação dos tons?

Em chinês, há uma dissimetria entre morfemas e sílabas – possui um elevado número de morfemas que têm que conviver com uma possibilidade bem menor de sons emitidos por sílabas distintamente justificáveis. Por isso, moldar a pronúncia japonesa em função da pronúncia chinesa produziria um número incontornável de homofonias e isso exigiria uma alteração da língua japonesa em função de uma outra língua. O japonês teria que se *achinesar*. Nunca foi esse o caso. O Japão importou a escrita, não a língua dos chineses – e isso faz toda a diferença.

Aqueles que preferem chamar os sinogramas, a escrita morfemática, de escrita logográfica, em oposição à escrita fonográfica, dirão que a escrita japonesa teve que se tornar um sistema misto (SAMPSON, 1996). Aí está mais uma diferença que interessa diretamente a Lacan. A escrita chinesa, através da qual foi possível erguer ou reformular a teoria da escrita e da letra em psicanálise, é logográfica. A escrita japonesa é em parte logográfica, pela importação da escrita chinesa, e em parte fonográfica, como uma maneira de lidar com a diferença das duas línguas. Isso quer dizer que para uma grafia chinesa que indica uma sílaba, o japonês teve que criar outras grafias para escrever, digamos assim, as sílabas que sobravam na sua língua. A diferença no número de sílabas usadas no japonês não podia ser simplesmente ignorada.

Durante séculos a escrita japonesa se aprimorou como uma atividade de grupos de intelectuais que não precisavam dar à escrita um aspecto funcional como os funcionários públicos chineses tiveram que fazer. Se num país a escrita visava a um uso prático e também de erudição e poder, no outro esse tripé se manteve, mas substituindo a praticidade pela complexidade. A língua japonesa se tornara um complexo sistema para articular som, significado e escrita (SAMPSON, 1996).

Os caracteres chineses (*zi*, uma sílaba para dizer caractere; e *hanzi*, para dizer *caractere chinês da época dos Han* – dinastia Han), são chamados em japonês de *kanji* (aqui há uma proximidade sonora entre *hanzi* e *kanji*). Eles compõem um sistema em que cada caractere possui um som e um sentido, exatamente como no chinês. Além dele, o Japão desenvolveu, alguns séculos depois da entrada e adoção dos *kanjis*, dois sistemas silábicos para comportar o número maior de sílabas características de sua identidade linguística: os *kanas*. Diferentemente dos *kanjis*, dos caracteres chineses, os *kanas* são japoneses. Eles também foram desenvolvidos a partir dos caracteres chineses, mas são japoneses. Não há nada semelhante a um *kana* na escrita chinesa. Se os *kanjis* indicam som e sentido, os *kanas* indicam apenas o som. Assim, um *kana* que se pronuncia *ma* pode ser usado em qualquer palavra que contenha essa sílaba. Não há um alfabeto, mas um silabário. É como se ao querer dizer *cinema* um japonês, na ausência de um caractere para dizê-lo, dispusesse, no entanto, de um *kanji* para escrever *ci*. Faltaria então o *ne* e o *ma* – com os *kanas* eles resolvem esse problema. Essa palavra terá que ser escrita, nesse exemplo fictício, com um *kanji* (*ci*) e dois *kanas* (*ne* + *ma*).

Porém os japoneses criaram duas formas de ler o caractere chinês que eles importaram. Quando Lacan diz que nem todo mudo tem a felicidade de falar chinês na sua própria língua, trata-se muito mais de uma provocação e daquilo que ele busca produzir de ressonância com sua fala do que algo que tenha que ser tomado literalmente. O japonês fala japonês, o chinês fala chinês. Não há japonês que fale chinês falando japonês. Falando analiticamente, sempre falamos a língua do Outro. Porém, linguisticamente, não se fala a língua do outro na mesma língua em qualquer lugar do mundo. Isso tem que ser levado em consideração para entender o que é o sujeito japonês segundo Lacan.

Foi necessário criar duas maneiras de ler o caractere chinês que fora adotado como escrita do país. Como cada caractere é uma unidade de som e de sentido, optaram por fraturar essa unidade. O *kanji* passou a indicar ou o som ou o sentido. Quando um japonês usa um caractere chinês adotado pelo seu país pelo sentido que ele tem, ele lhe dará a pronúncia de que ele dispõe na própria língua para indicar aquele sentido. Então, 人 tem em chinês um som, *ren*, e um sentido, homem. O japonês, ao adotar para esse caractere a opção pelo sentido *homem*, usará a pronúncia que em sua língua já era usada para dizer *homem*, no caso *hito*. A isso chamamos *kun-yomi*, em que *kun* significa *instrução*. A leitura de 人 segue a instrução dada pelo sentido, estando-se livre para pronunciar com aquilo que a língua já oferecia; assim como ao vermos 5 lemos *cinco*, enquanto um inglês lê *five*.

Por outro lado, o *kanji* pode ser tomado apenas pelo som, desconsiderando-se o sentido. Nesse caso, o caractere não terá nenhum valor com relação ao significado que ele evocava originalmente, descolado do sentido, ele valerá apenas como som, como se fosse uma espécie de *kana*. Como *on* significa *som* e *yomi* significa *leitura*, este é o *on-yomi*.

Disso extraímos que a leitura *kun-yomi*, com a pronúncia oriunda do idioma japonês, tem o sentido em função de um isomorfismo semântico em relação ao caractere chinês. O contrário se dá com *on-yomi*, em que há um significante sem sentido, apreendido apenas como som. Um mesmo caractere pode ser lido ora do modo *kun-yomi*, ora do modo *on-yomi*. Quando isso acontece, pode-se dizer que o *on-yomi* é uma cifração do *kun-yomi*, enquanto este é uma decifração por incluir o sentido. 人 tem seu sentido decifrado com a leitura *kun-yomi*; por isso ela é do campo da decifração. Rompendo com o sentido e adotando apenas o som, é como se houvesse a adoção de uma cifra numa partitura. Essa é a leitura cifração *on-yomi*.

Segundo Ogasawara, é em decorrência dessas duas formas de leituras que Lacan teria falado que o japonês não seria analisável. Segundo ele, Laca acredita que há na língua japonesa uma correspondência estabelecida entre *on-yomi* e *kun-yomi*. Se um é a cifração do outro haveria neste caso "uma tradução automática do registro da letra do 'on-yomi' para o da palavra do 'kun-yomi' – isto é, há uma decifração automática que passaria ao largo do artifício do discurso analítico" (OGASAWARA, 1998, p. 65). Se o analista deve saber ler a letra do sintoma e durante a análise esse saber ler é transmitido ao analisante, o japonês não precisaria do dispositivo analítico por já saber ler, por um recurso próprio à sua língua em relação à letra. Na língua japonesa, a distância entre o inconsciente intérprete e a palavra seria tangível.

A primeira objeção a essa elaboração, na verdade já foi feita: em outras línguas não precisamos construir um sistema tão complexo como o japonês, mas podemos ler algarismos romanos em nossa própria língua, o mesmo com algarismos arábicos. Quando marcamos um encontro com alguém e perguntamos *A que horas nos encontramos?* e ouvimos *Três está ótimo*, jamais vamos pensar que se trata de três pessoas, as três Marias, ou que há exigência quanto ao número de garrafas de vinho, e sim que se trata das três horas, provavelmente da tarde, posto que não seria de bom tom um encontro às três da madrugada. Do mesmo modo, procede um japonês ao falar. Ele não decifra automaticamente se é *on-yomi* ou se é *kun-yomi*, ele conta com marcações gráficas e principalmente com o contexto. Como sua escrita é composta de *kanjis* e *kanas* (*Hiragana* e *Katakana*), esses se tornam referências fundamentais para uma decisão entre qual sistema de leitura usar. Por fim existe uma intervenção oficial nisso. Após a Segunda Grande Guerra, estimulado pela pressão americana e por outra interna, "o governo japonês publicou em 1946 uma lista de 1.850 caracteres que podiam ser utilizados 'temporariamente', até que fosse feita uma reforma mais radical" (ALLETON, 2010, p. 107). "Dos 1.850 '*kanjis* aprovados': 844 dos *kanjis* têm apenas leituras *on*... 30 têm apenas leituras *kun*... os restantes 976 têm, cada um, uma leitura *on* e uma leitura *kun*, num total de 1.103 *on* e 1.085 *kun*" (SAMPSON, 1996, p. 207).

O pressuposto lacaniano, ainda segundo Ogasawara, "consiste em sobrepor a duplicidade do registro do 'on-yomi' e do 'kun-yomi' à duplicidade mais geral do registro da linguagem", mas, felizmente ele adverte, "essa sobreposição é uma ficção teórica" (OGASAWARA, 1998, p. 66). Na clínica, em pleno Japão, o sintoma permanece opaco sem tradução automática como em qualquer lugar do mundo.

Não podemos dizer que pelo fato de a relação do japonês com a escrita ter um lugar privilegiado, isso signifique que ela lhe ofereça algum tipo de garantia, muito menos que ele a tome no lugar de um Outro não barrado. É verdade que Lacan disse que o japonês em "um de seus registros pode satisfazer-se com a referência à escrita; e o outro, com o exercício da fala" (LACAN, 2009, p. 117). Sem dúvida. Assim como Marguerite Duras, James Joyce etc., por um lado; e, por outro, numa outra perspectiva, quem, ao se satisfazer da fantasia não se satisfaz em referência à escrita? Do mesmo modo, como dizer que não há um amor endereçado ao saber, e sim à letra, e mesmo uma fetichização da letra? A questão é: de qual saber estamos falando? O saber para o japonês tem uma clara filiação com as figuras de saber na China. A relação com as inúmeras cerimônias busca suscitar menos as formas do que a enunciação numa clara transferência aos ensinamentos de Confúcio. Tanto a forma é o que menos importa como o ato que é visado (o que não impede que muitos façam apenas pantomimas) que adotaram como seu o *zen*, cujo ensinamento básico compartilhado com o taoismo é de que *a forma é o vazio*. Kabuki, ikebana, cerimônia do chá, artes marciais, caligrafia etc. Essas não seriam relações também com o saber? E não seriam outras formas de satisfação para além da escrita? Algumas delas podem ter outras formas de, assim como caligrafia, fixar um modo de litoral separando o gozo de uma articulação significante.

Dizer que a escrita ou a letra são fetichizadas pelo japonês ou pelo chinês é desconsiderar todo o percurso feito por Lacan para construir essas duas noções a partir da escrita chinesa.

É possível encontrar citações ao nome de Ogasawara, atribuindo a ele e buscando nele um suporte de saber para dizer o que ele não disse. Num deles o autor diz que Shin'ya Ogasawara teria dito que de fato o verdadeiro japonês não precisava da psicanálise num argumento a favor de que o japonês não é analisável.

Quando Lacan chama a atenção para o sujeito japonês em função do seu modo de ler o caractere chinês pelo *kun-yomi* e *on-yomi*, a operação que ele faz na própria língua, o distanciamento do inconsciente em relação à palavra, parece visar outra coisa. Ele não quer falar do sujeito antropológico japonês ou do sujeito linguístico, muito menos dos nativos daquele país, mas tão somente da clínica psicanalítica. Parece que Lacan quer introduzir a questão da inanalisabilidade como um passo na direção de elaborar a noção de incurável em psicanálise, tal como será tratada diretamente em Joyce. Parece também que, sendo mantida a questão da disjunção entre escrita e fala desenvolvida com a escrita chinesa, ele acrescenta uma disjunção entre escrita e leitura a partir do sujeito japonês. E, por fim, a questão de como fazer, como ler a escrita ilegível. Se isso estiver correto, o que importa é a questão da inanalisabilidade e incurabilidade, a separação entre escrita e fala, bem como entre a escrita e a leitura, o como saber fazer com a leitura do que não é feito para ser lido. Essas seriam questões que se imporiam para um sujeito japonês, chinês, francês, moçambicano etc.

No Seminário que sucedeu o 18, *De um discurso que não fosse semblante*, e também contemporâneo ao *Aviso ao leitor japonês*, o Seminário 19, *...ou pior*, há uma passagem a respeito da escrita chinesa que pode ser uma boa indicação da sua conexão com a questão do sujeito japonês. Não se trata da referência à China Antiga da página 77, ou do retorno de *yin* e *yang* na página 94, ou do caractere *hao* da página 167. Trata-se daquela que talvez seja a segunda maior transcrição em caracteres chineses feita por Lacan depois da citação de Mêncio. A diferença entre a fala e a escrita já estava satisfatoriamente desenvolvida no Seminário anterior.

A lição é a de 9 de fevereiro de 1972 e vem logo após uma palestra a respeito da topologia da fala. A lição em questão recebeu o título de "Peço-te que me recuses o que te ofereço" e é a primeira vez que Lacan apresenta em público os nós borromeanos. É também uma lição em que ele escreve em chinês no quadro e apresenta todo o Seminário desse dia sem fazer nenhuma, absolutamente nenhuma, menção ao que ele escreveu, apesar de estar à mostra para todos os que lhe assistiam. Nem sequer traduz. Muito menos o lê em voz alta. Simplesmente escreve e se silencia. Não fará menção a esse escrito em nenhum momento durante todo o trajeto do Seminário desse ano a ponto de os caracteres nem serem incluídos em sua publicação.

A primeira hipótese é de que é absolutamente sem importância. Nada além de uma ocorrência eventual e uma alegoria. Entretanto há outra possibilidade. O que ele escreveu foi:

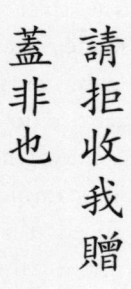

Em pinyin isso é lido: *qǐng jù shōu wǒ zèng gài fēi yě*. Sem nenhum comentário sobre os caracteres, a tradução desse escrito é: *Peço-te que me recuses o que te ofereço porque não é isso*. Uma escrita ilegível para seu auditório, uma escrita que não foi lida. Uma intervenção e uma forma de colocar a questão da diferença entre escrita e leitura. A escrita chinesa guarda uma relação intrínseca com sua origem divinatória de inscrições feitas sobre os cascos de tartarugas e ossos de antílopes. Uma origem não representativa, vinda de fora, da exterioridade, que leve o nome do divino, é o de menos. Uma marca feita pelo real, e não pela racionalidade, essa extimidade que desde o início se impôs como uma escrita separada da fala e ilegível à leitura. Desde sua origem ela foi algo diverso de uma realização da razão, uma extensão da fala e um instrumento legível. Não, ela se fez em outro plano. Uma escrita do real separada da fala e ilegível que incitava o trabalho de tornar a leitura possível. É uma origem em que o leitor sempre será um estrangeiro em relação ao que lê. Nisso ela interessa não só ao chinês.

A escrita poética chinesa

Nem toda poesia chinesa é escrita. A origem da poesia chinesa é sobretudo oral, geralmente cantada. Ela é fruto de cantos populares espalhados por todo o território do que hoje concebemos como China. Segundo consta a tradição, os primeiros poemas são do século XX a.C. Isso é o que reza a tradição, porque a primeira obra escrita de comprovação histórica é o *Shi Jing*, sendo conhecido como *Clássico das Poesias*, *Livro das Odes*, entre outros nomes. Ele foi o resultado de uma compilação feita pelo próprio Confúcio e é um clássico até hoje, sendo constantemente reeditado.

Os poemas do *Shi Jing* foram compostos entre 1766 e 256 a.C. por poetas e músicos anônimos sendo transmitidos de uma geração a outra. Confúcio reuniu cerca de três mil cantos populares e ritualísticos dentre os mais conhecidos em diversas regiões da China, até então não unificada. Selecionou 305 poemas e cantos para formar o *Shi Jing*, que se tornou um dos cinco clássicos obrigatórios para a formação de qualquer chinês, posteriormente adotado como exigência para os concursos públicos. Cada chinês deveria sabê-lo de cor.

Na verdade, o critério de escolha utilizado por Confúcio foi muito mais moral do que literário. Eles deveriam conter mensagens que pudessem facilmente ser aplicadas na educação do homem de bem e em conformidade com os ritos. O *Shi Jing* é dividido em três categorias: *Feng*, *Ya* e *Sung*. De um modo geral, eles têm uma linguagem simples, muitas vezes dotada de lirismo, outras vezes falando de festas, colheitas, histórias entre senhores e vassalos, de relações com as divindades, cantos de amor, de relações familiares, oferecendo uma gama de opções para a educação confucionista. Sua forma era livre e de extensão variada.

Pode ser facilmente observado que, apesar de Lacan ter mencionado o *Shi Jing* em diversas ocasiões, não é a respeito dessa poesia que a discussão sobre a escrita poética se apoia. A questão levantada por Lacan a respeito da interpretação e a escrita poética chinesa não se restringe somente à poesia do período Tang, mas é nela que encontra o terreno mais consistente e o maior número de exemplos. A poesia Tang produziu efeitos tão marcantes que eles se estenderão para além dos limites daquela dinastia. Ao contrário de grande parte da história da China, que fora imersa em guerras sucessivas, o período Tang conheceu tempos de paz e prosperidade, o que favoreceu um grande impulso nas artes.

Costuma-se dizer que durante os Tang todo mundo era poeta. Fala-se de mais de cinquenta mil poemas de todos os gêneros e uma lista recenseada de dois mil e trezentos poetas. É desse período os três nomes mais conhecidos entre os ocidentais: Li Po, também conhecido como Li T'ai Po ou Li Bo (701-762); Tu Fu ou Du Fu (712-770); e Po Chu Yi (722-846). Graças a Cheng e Lacan, os analistas passaram a se familiarizar também com o nome de Wang Wei.

No início da dinastia, o costume era imitar os clássicos, havendo pouca originalidade e criatividade. Até então não havia formas regulares para os poemas. A partir dela é criada uma forma de versificação que se tornou básica: versos de cinco e de sete sílabas foram os preferidos.

A poesia oral é fundamental em qualquer tipo de poesia a que referirmos, e isso não é diferente no caso da chinesa. Os recursos de ritmo, a entonação, as ressonâncias vindas do som da poesia dita em voz alta são caros a qualquer poesia, confundindo-se com a própria noção e conceito de poesia. A diferença começa no momento em que pensamos a relação da língua chinesa com a sua escrita. Por não ser uma escrita fonética, ela ganha quase uma independência da fala. Nesse sentido, assim como os poetas ocidentais retiram frutos de artifícios gramaticais e de sintaxe para resultados semânticos e sonoros, os chineses, de posse da escrita que têm, passaram naturalmente a tirar proveito do que ela tem a oferecer. A poesia clássica do *Shi Jing* pode sobreviver sem os jogos gráficos, o que mostra que é bem possível fazer poesia chinesa sem eles. Hoje ainda é possível encontrar novos poetas que não dão um lugar central ao manuseio dos recursos gráficos disponíveis na escrita dos caracteres.

Todavia, se não são recursos centrais, não são dispensáveis. Seja na poesia ou na vida cotidiana do uso da língua, o chinês se viu impossibilitado de abrir mão dos caracteres. Na primeira metade do século XX, a tentativa de substituição dos caracteres por um alfabeto romanizado como o nosso se mostrou impossível. Os maiores intelectuais chineses estavam envolvidos nisso, posicionando-se a favor ou contra. Aquele que é conhecido como o pai da linguística moderna chinesa demonstrou essa impossibilidade através de uma obra teórica consistente. O linguista Zhao Yuanren (1892-1982) participou da construção do sistema de transcrição latina do mandarim, conhecido como pinyin.

Zhao Yuanren lembra ao chinês o que os reformistas tentavam esquecer com os argumentos de se lançarem na modernidade e que para isso teriam que destruir tudo que fazia parte da história clássica da China, tudo que lhes parecia uma representação de atraso. Segundo Rainier Lanselle, a escrita esteve historicamente ligada ao religioso, ao espaço administrativo do Estado, isto é, de uma elite de especialistas que sempre a revestiu de poder e status, sem nunca precisarem fazer da escrita um reflexo da fala. A reforma queria tirar essa forma de política do poder, mesmo que precisasse parecer científica.

Possivelmente, o que mais impressiona no argumento de Zhao Yuanren a respeito da impossibilidade de uma passagem satisfatória da escrita do caractere para a forma oral seja a poesia chinesa. A poesia sempre foi algo presente para os chineses. Ela fez parte da religião, dos concursos públicos, da educação infantil, das brincadeiras de adultos e crianças, das festas e reuniões de negócios, dos jogos em torno de uma mesa e bebidas, dos ornamentos domésticos, enfim, de quase tudo. Por isso não parece estranho que um linguista não se limite a comentar a linguagem poética ou teorizar sobre ela, mas que também faça poesia. As poesias de Zhao Yuanren não são um exemplo da arte poética chinesa, delas não temos como esperar muita coisa em termos literários. O objetivo dele era outro: produzir um efeito sobre todos os chineses de ressoar em seus corpos, mais do que no pensamento, a impossibilidade de abdicarem dos caracteres. Poesias para ressoar nos corpos e para expor a diferença e o abismo entre a escrita e a fala.

São dois poemas, o primeiro deles é escrito desta forma, em caracteres chineses:

施氏食狮史
石室诗士施氏，嗜狮，誓食十狮.
施氏时时适市视狮.
十时，适十狮适市.
是时，适施氏适市.
施氏视是十狮，恃矢势，使是十狮逝世.
氏拾是十狮尸，适石室.
石室湿，氏使侍拭石室.
石室拭，氏始试食是十狮尸.
食时，始识是十狮尸，实十石狮尸.
试释是事.

O segundo, também em caracteres chineses, é assim:

季姬击鸡记
季姬寂，集鸡，鸡即棘鸡.
棘鸡饥叽，季姬及箕稷济鸡.
鸡既济，跻姬笈，
季姬忌，急咭鸡，
鸡急，继坂几，
季姬急，即籍箕击鸡，
箕疾击几伎，伎即齑，
鸡叽集几基，季姬急极屐击鸡，
鸡既殛，季姬激，
即记《季姬击鸡记》.

Quando são escritos em caracteres, são perfeitamente compreensíveis (para quem sabe ler em chinês). Mesmo alguém que não saiba chinês pode ver a variedade de caracteres dispostos em cada um dos dois poemas. São poucas as vezes que um caractere é repetido. Contudo, se for transcrito de uma forma fonética, como acontece nas escritas fonéticas, ou seja, se os chineses forem transcrever a fala e os fonemas usando o pinyin, o primeiro poema seria:

shī shì shí shī shǐ

shí shì shī shì shī shì, shì shī, shì shí shí shī.
shī shì shí shí shì shì shì shī.
shí shí,shì shí shī shì shì.
shì shí,shì shī shì shì shì.
shī shì shì shì shí shī, shì shǐ shì.
shǐ shì shí shī shì shì.
shì shí shì shí shī shī, shì shí shì.
shí shì shī, shì shǐ shì shì shí shì.
shí shì shì, shì shǐ shì shí shì shí shī shī.
shí shí, shǐ shí shì shí shī shī, shí shí shí shī shī.
shì shì shì shì.

Os acentos são as indicações dos quatro tons de pronúncia que existem atualmente no mandarim. Agora vejamos o que ocorre com o segundo poema:

jì jī jī jī jì

jì jī jì, jí jī, jī jí jí jī.
jí jī jī jī, jì jī jí jī jì jì jī.
jī jì jì, jī jī jí,
jì jī jì, jí jī jī,
jī jí, jì jī jǐ,
jì jī jí, jí jí jī jī jī,
jī jí jī jǐ jì, jì jí jī,
jī jī jí jǐ jī, jì jī jí jí jī jī jī,
jī, jì jí, jì jī jī,
jí jì (jì jī jī jī jì).

Nos dois poemas, todas as "palavras" são compostas pelas mesmas sílabas. No primeiro, há apenas a sílaba *shi* distribuída em quatro tons. No segundo, há apenas a sílaba *ji*, também distribuída em quatro tons possíveis. Impossível de serem compreendidas, tanto através de uma escrita fonética quanto na forma oral. A repetição da mesma sílaba ao longo de todo o poema encontra como critério distintivo apenas o uso dos tons, que, no chinês moderno (o mandarim), são em número de quatro. Apenas quatro tons para distinguir todos os usos da mesma sílaba são insuficientes na forma oral e na transcrição fonética. A sílaba *shi* corresponde a aproximadamente 250 caracteres, ou seja, 250 significações diferentes. O mandarim possui hoje não mais que 450 sílabas diferentes, enquanto os grandes dicionários possuem mais de 50.000 caracteres diferentes (LANSELLE, 2007, p. 135).

Ninguém pode tomar esse poema como típico da poesia chinesa pelos motivos que já expus. Além do mais, a significação do poema em si oscila entre a aberração, uma fantasia infantil ou uma caricatura. Sua função é a de mostra um impasse entre a escrita e a fala. Isso significa também que um chinês cairá num absoluto *nonsense* caso apenas ouça essa poesia. Levando a língua a seu extremo, Zhao Yuanren demonstrou, na década de 1920, que o chinês falado e uma transcrição fonética estão abertos a toda sorte de equívocos e mal-entendidos. A escrita dos caracteres é aquilo no qual os chineses sempre se apoiaram para lidar com a mais pura equivocidade da linguagem.

Isso nos mostra exatamente com o que os poetas chineses intervêm quando estilhaçam e contorcem essa escrita. O que Zhao Yuanren disse é algo como: "precisamos desses semblantes senão estaremos perdidos tendo que falar *lalíngua* o tempo todo!". Os poetas que sempre jogaram com as virtualidades visuais e materiais dos caracteres não tiveram pudor para promover verdadeiras rupturas no mais elevado semblante chinês.

Os poetas chineses não abriram mão da escrita dos caracteres, não o ridicularizaram ou clamaram pelo seu fim. Ao contrário, se valeram e se apoiaram neles para romper semblantes, rompendo também o maior deles, a própria forma rígida dos caracteres. A escrita poética chinesa e a caligrafia, por vias diferentes, tocam no mesmo ponto.

Desde a origem, a escrita do caractere se recusa a ser um simples suporte da língua falada. O seu desenvolvimento, como diz François Cheng, foi uma longa luta para assegurar uma autonomia e uma liberdade de combinação. Sempre houve uma relação dialética e contraditória não só entre o som, o sentido e a grafia, mas também entre estes e os movimentos do corpo para se ajustarem às exigências das formas rígidas e invariáveis. Não só o tempo mas também a contração dessa tensão levaram o canto da poesia popular do *Shi Jing* ao canto escrito dos Tang. Toda a poesia dos Tang é um canto escrito e uma escrita cantada (CHENG, 1996).

Muito provavelmente Cheng e Lacan leram Fenollosa. Primeiro, porque a obra do último se tornou bastante conhecida através de Ezra Pound, e Cheng é um poeta da Academia Francesa. E também por uma indicação fornecida por Haroldo de Campos:

> Uma contribuição decisiva para este tipo de análise deu-a, recentemente, François Cheng... com seu ensaio "*Le Langage Poétique Chinois*" (na obra coletiva *La Traversée des signes*, 1975). Cheng parece retomar decididamente a hipótese fenollosiana da "leitura harmônica" (embora não a mencione explicitamente neste seu trabalho), elaborando-a e robustecendo-a com novos e atualizados argumentos. Escreve o autor: "Mais do que simples suportes de sons, os ideogramas se impõem com todo o peso de sua presença física. Signos-presença e não signos-utensílio, eles chamam atenção por sua força emblemática e pelo ritmo gestual que comportam. Em virtude de sua escrita, os chineses têm a impressão de apreender o universo através dos traços essenciais cujas combinações revelariam as leis dinâmicas da transformação. Não é por acaso que na China a caligrafia, que exalta a beleza visual dos caracteres, tornou-se uma arte maior" (CAMPOS, 2000, p. 59).

A leitura de Fenollosa por Cheng parece inequívoca, como parece querer ressaltar Haroldo de Campos, que deixa escapar, intencionalmente ou não, a distinção entre as formas de leitura dos dois autores. A primeira distinção diz respeito à influência de Granet sobre Cheng e se deixa entrever rapidamente no recurso à noção de emblema, que é um apoio acessório, quase sem importância. Cheng vai mais além de Granet. Observa-se também uma influência do trabalho com Lacan, quando acentua que ele trata de signos-presença, e não de signos-utensílios, afinal, a letra para Lacan, desde que pensada a partir da escrita chinesa, liquidou as chances de ser pensada como um instrumento. Cheng deixa isso claro ao recusar a noção de signo-utensílio e ao sustentá-lo como signo-presença em função de sua materialidade. Isso já introduz uma distância entre Cheng e Fenollosa.

A segunda e mais importante diferença entre Cheng e Fenollosa justifica a opção de Campos não apresentar a tese fenollosiana ao lado da de Cheng, interpondo-as com algumas páginas de distância, para que tal contraste ficasse bem delimitado. Falar primeiro da pintura chinesa e principalmente da caligrafia é dizer que Cheng não é Fenollosa. Por isso Cheng vale mais a Lacan do que Fenollosa, que enfatiza a dimensão visual do caractere, que de fato existe e é importante. O que Cheng toma como ponto de partida distinto, que escapou a Haroldo de Campos, é que, desde o início, o gesto, o movimento e a implicação do corpo estão incluídos. Ao introduzir o ritmo gestual e o que ele procura capturar no que é escrito, a exemplo do ato da caligrafia, Cheng assinala a importância de algo que permanecia de fora em Fenollosa, em Pound, nos irmãos Campos, nos poetas imagistas, concretistas etc. É a partir daí que ela pode interessar verdadeiramente tanto à psicanálise quanto à poesia. No primeiro caso, interessava mais à poesia e apenas de modo coadjuvante ao psicanalista.

O laço entre a caligrafia e a poesia é tão íntimo que, na grande maioria dos casos, o artista é ao mesmo tempo o calígrafo, o poeta e o pintor. O tipo de texto mais frequentemente escolhido para ser objeto da caligrafia é o texto poético, até mais que os religiosos. E, mesmo quando aquele que faz a caligrafia não é o poeta que compôs o poema, ele não se limita a uma cópia; com a caligrafia, ele o recria através da sua mão, pincel e tinta.

Aquilo que o calígrafo procura atingir com o gestual rítmico, com o movimento que visa romper o semblante, o poeta recria não só no ritmo oral do poema, mas, sobretudo, no gestual da materialidade dos caracteres, no movimento combinatório semelhante a uma dança. A aposta ganha pela caligrafia com tinta e pincel através do gesto do corpo, a escrita poética chinesa ganha também com tinta e pincel. Mas o movimento passa a ser o do corpo dos caracteres, que giram, contorcem, se invertem, tremem, se apagam, ficam menores ou maiores, viram de lado e até vão embora.

O caractere 好, que se diz *hao*, é composto por dois caracteres, o primeiro à esquerda é *mulher* e o segundo é *filho. Hao*, por sua vez, significa *bom*. Um poeta pode, ao descrever a saudade de uma mãe com relação ao filho que se foi, escrever 好 sem 子, o *filho* que se foi, dando assim ao caractere 子 o movimento da partida, da ausência sentida pela mãe, mesmo que o rigor da língua escrita não permita esse tipo de separação na escrita de 好. Ou escrever 子 invertido, como se fosse de forma espelhada, para dizer que o filho tem o olhar voltado para outra direção.

Essa é uma forma de conferir ao caractere a presença física, uma corporeidade ou materialidade que inclui a todo o momento uma ideia de intervenção mais do que de expressão. A combinação faz parte da estrutura e da formação dos caracteres chineses, porém é uma combinação, ou uma combinatória, com normas rígidas e invariáveis. Através da combinatória, o poeta se apropria daquilo que a língua escrita permite para subvertê-la com movimentos que ela não permite, utilizando gestos combinatórios impensáveis na norma culta. Portanto são gestos e movimentos dos corpos de signos-presença. Tal como na caligrafia, o poeta parte dos semblantes com a nítida intenção de uma rasura sem precisar apagar.

Uma poesia feita assim é impossível de ser apenas oral. Pode-se até tentar, mas, na ausência da habilidade de um tradutor que procure capturar o que a palavra não diz, corre-se o risco de pagar o preço de perder a própria poesia. É uma poesia que tem seu valor aos ouvidos, mas que ganha seu devido lugar ao ser uma poesia que exige leitura. Mais do que o olhar, ela reclama a leitura, como também reclama a caligrafia. Enquanto muitos pensam que a caligrafia tem seu fim no olhar daquele que contempla, ela na verdade exige, desde antes de sua execução, um desvio do olhar. Sem o desvio do olhar, o gesto não é alcançado e a caligrafia fracassa. Aquele que conhece caligrafia, ao ver uma, compraz-se de um gozo estético, mas espera ser tocado por algo que ultrapassa a imagem dada a ver. Na escrita poética chinesa também. É uma questão de leitura, não de contemplação. Nem por isso podemos nos furtar às análises gráficas dos caracteres da poesia chinesa, mas é preciso manter a compreensão de que é mais do que um mero jogo de imagens.

A relação da escrita fonética com a fala é uma relação direta que relega a um segundo plano a função de imagem de seus elementos formadores, que servirão para fazer a notação do som a ser emitido pela voz. A ambiguidade e a homofonia estão suficientemente marcadas na língua chinesa falada. Porém sua forma gráfica também reserva toda uma ambiguidade em torno daquilo que Lacan chamou de vestígio e do entrevisto.

Expor o que a escrita sinográfica revela ao olhar e ao entrevisto equivale a dizer que uma escrita porta o traço, o vestígio. Parece ser um convite a pensar a anamorfose do olho e do olhar em relação ao visto e entrevisto da escrita dos caracteres. Isso indica um certo tipo de laço que se verifica nessa escrita, entre o olhar e a voz: um jogo de ambiguidades decorrentes do olhar que pode ser atrelado à voz. A virtude da escrita poética chinesa se apoia nesse jogo de palavras que é ao mesmo tempo um jogo de traços, de grafias e de sons. Parece ser justamente o engate com o suporte da voz que autoriza aquilo que é dado a ver. Sem esse engate, os traços deixariam de ser remetidos de volta à língua. As manipulações da materialidade do caractere não produzem desenhos nem apenas figuras, muito menos reproduzem a norma culta. Os poetas chineses conseguem alterar os corpos dos caracteres mantendo uma ligação com a voz, dizendo para quem olha que não se trata só de ver, é preciso ler.

O engate conseguido pelos poetas chineses é através da escrita, o que exige uma leitura. Porém a escrita dada a ler é transgressora quanto ao código, ela não se encontra na norma culta, os dicionários não incluem esses caracteres forçados pelo poeta. Então, como é que leem? Não seria uma questão bem próxima à do sujeito japonês, que precisa ler engatando a voz ao olhar do caractere? A posição imaginada por Lacan do sujeito japonês diante de um caractere que lhe é estrangeiro, precisando traduzi-lo engatando a voz, não é muito semelhante à de um leitor de poesia chinesa, que encontra distorções na materialidade dos traços do caractere? Num certo sentido, o chinês não teria que fazer uma tradução automática, que nenhum de nós conseguiria, inclusive porque muitos ocidentais nem sabem reconhecer se uma escrita chinesa está espelhada ou de cabeça para baixo? A escrita poética chinesa impõe para cada leitor a exigência de que ele opere como um sujeito japonês, ou que pelo menos se depare com a necessidade desse trabalho. Ela exige um sujeito japonês que saiba interpretar a escrita encontrando para ela não o sentido, mas um nome pronunciável. De qualquer modo, um significante novo nunca faz parte da língua materna.

A escrita poética chinesa pode contribuir para dizer algo a respeito do sujeito japonês. Uma das coisas que Lacan trouxe com a noção de sujeito japonês para a psicanálise foi que o ser falante, sendo falante, precisa se virar com uma escrita que é ilegível. Falar uma escrita que não se deixa ler facilmente. A questão do ser falante que precisa falar em sua própria língua uma escrita que não é dessa ordem. Uma tentativa de extrair das marcas de um corpo uma escrita que possa ser lida. Uma das apostas da escrita poética chinesa, que pode ser essencial para a interpretação analítica entendida como leitura, é de que aquilo que parece indizível, assim como uma palavra de cem letras, é na verdade o real do dizer. E só se pode nomear o gozo por essa via.

Por isso, pensar que o japonês seja inanalisável, ou que o japonês fale chinês na sua própria língua, ou que ele faça uma tradução automática, e que tudo isso diga algo a respeito da distância que há ou não entre o inconsciente e a fala é tomar um rumo escorregadio. Seguir essa via implica o risco de tomar a retórica lacaniana ao pé da letra; é se deixar guiar pelos semblantes que ele usa, e não pelo ponto a que ele visa. A escrita poética chinesa pensada ao lado da noção de sujeito japonês chama a atenção de que cada sujeito em análise irá se deparar, via discurso analítico, com uma escrita que sempre será estrangeira a ele. Falamos sempre a língua do Outro, mas a escrita que vem daí nunca é legível. Por ser sem sentido, essa escrita do gozo ilegível para o significante, intraduzível, coloca esse sujeito diante de saber fazer com a escrita do sintoma. Cada sujeito que se coloque a trabalho para fazê-lo terá que ler essa escrita e só poderá fazê-lo como estrangeiro. Alguém que leve sua análise longe o suficiente poderá produzir um significante novo, sem sentido, mas formulável de um modo singular. Leria, assim, em sua língua singular, essa escrita que não tem sentido.

Pensando desse modo, a analisabilidade ou não do sujeito japonês não se refere aos japoneses, mas sim à inanalisabilidade ou não da escrita e à incurabilidade do sintoma. Com a escrita de suas poesias, os poetas chineses expandem o problema de que leitura e interpretação andam juntas. Pensar a diferença entre escrita e fala e entre escrita e leitura coloca por terra o sonho de que haja uma unicidade da língua em qualquer sujeito.

Uma coisa é o problema e a questão que a escrita poética chinesa coloca, outra é seu modo de operar com a poesia que possibilita pensar o essencial da interpretação. Ela joga com a equivocidade, assim como a poesia – pelo menos aquela que nos interessa, desde Mallarmé. Nesse sentido, a equivocidade da poesia chinesa a partir dos Tang coloca em destaque, para além do equívoco próprio à sonoridade da fala e do engajamento da voz, um engajamento do olhar. O modo que mais exploram as possibilidades de a linguagem produzir uma equivocidade a fim de ganhar terreno separando sintoma e gozo, para usar uma expressão de Lacan, é operando com a materialidade da escrita dos caracteres.

Mesmo sem considerar a intervenção do poeta que força a língua, há uma relação entre uma mística chinesa e a poesia própria a cada caractere. No discurso místico, o laço que garante a semântica do símbolo não é apenas entre o som e o sentido, há a participação direta da escrita do caractere. É, na verdade, a similitude e identidade entre o som e a escrita que garante o sentido. Misticamente o caractere é interpretado como muitas vezes é encontrado no Ocidente, como um ideograma que representa diretamente a coisa.

No que diz respeito ao uso de recursos gráficos e fônicos da escrita, isso pode ser observado tanto nas práticas místico-religiosas quanto na poesia. O poeta busca suscitar um grande número de imagens e evocações de forte conteúdo dentro do imaginário cultural chinês. Seguindo o modelo da escrita, ou seja, do uso dos recursos gráficos que mantêm um laço com os recursos fônicos, a poesia chinesa tende para uma simbolização sistemática da natureza, tecendo um jogo complexo entre metáforas e metonímias (CHENG, 1996). Montanhas, rios, nuvens, pássaros, árvores, bambus, rochas, insetos e peixes são extremamente frequentes nesse jogo entre metáforas e metonímias. A metáfora lacaniana da planície siberiana para falar da escrita é um exemplo fiel aos temas mais frequentes na pintura e na poesia chinesas.

A poesia chinesa não criou tantas figuras dotadas de simbolização. Ela se apropriou e renovou o direito à vida a uma enorme lista de símbolos míticos coletivos, verdadeiras metáforas culturais, semblantes apreendidos da cosmologia chinesa. Ler uma poesia chinesa é estar em contato com imagens que podem não ter nenhum sentido para um não chinês. As metáforas perfazem um jogo infindável de significações porque se apoiam tanto em imagens míticas quanto em noções fundamentais para o pensamento chinês. Vazio, vazio mediano, sopro vital, Céu, Terra, homem, *yin, yang* estão presentes de modo manifesto ou por alusão, compartilhando o espaço com pedras, montanhas, aves e água. O poema como o de Drummond, que tem uma pedra (*yang*) no meio do caminho (Tao), feito por um chinês, teria seu sentido e significações inflacionadas. Nada é, apenas, o que parece ser nesses poemas. A poesia chinesa é inseparável do sistema semiótico chinês. O império dos signos ou dos semblantes não deixa de ser um império dos sentidos.

Então, como uma poesia que é tão marcada pelos semblantes e pelo sentido pode servir para pensar a interpretação analítica? Obviamente, não é pela via de suscitar a multiplicação de sentido, nem de convidar interpretações hermenêuticas de um sentido verdadeiro por vir. Um discurso que assim o fizesse interviria somente no campo do semblante e ainda nutriria o sintoma de sentido. Não é nisso que está o valor da poesia chinesa para a interpretação. Tal poesia não se limita a organizar um universo discursivo sobre o discurso cosmológico e seus semblantes.

No geral, a poesia chinesa recorre aos meios habituais para uma poesia. Ela utiliza o léxico e a sintaxe. Alterna o uso de palavras plenas[43] e de palavras vazias;[44] reduz o número de palavras vazias conservando certos advérbios e conjunções; coloca uma palavra vazia no lugar de uma plena, como no

---

[43] Substantivos, verbos de ação e de qualidade (F. CHENG, 1996).

[44] São aquelas que indicam relações: pronomes pessoais, advérbios, preposições, conjunções etc. (F. CHENG, 1996).

exemplo usado por Lacan no Seminário 18, em que *wei* pode ser usado tanto como um verbo (uma palavra plena) quanto como uma conjunção (uma palavra vazia). São formas de introduzir um vazio no pleno, usando os termos de François Cheng, ou seja, é um processo de esvaziamento do sentido. Essas operações restituem aos caracteres usados no poema sua natureza ambivalente e móvel. O poeta pode omitir um pronome pessoal ao descrever ações em cadeia de tal modo que os gestos humanos estejam ligados aos movimentos da natureza. Com a intenção de criar uma ambiguidade, pode omitir elementos que indiquem tempo, ou mesmo através de justaposição temporal que rompe com uma lógica linear. Tais recursos, que podem ser acompanhados passo a passo no livro de Cheng, *L'écriture poétique chinoise* [A escrita poética chinesa], são importantes e convergem para um ponto em comum: a produção de um equívoco e da perda de sentido. Mas eles estão muito próximos àquilo que é feito pela poesia ocidental.

É possível tentar compreender a poesia chinesa a partir das figuras clássicas de Jakobson, a metáfora e a metonímia. As relações fortemente acentuadas entre as imagens e signos, carregados de sentido e de significação, nos autorizam a pensar no uso de metáforas sobre metáforas, que se sucedem quase que indefinidamente. Um poema pode exigir de uma metáfora o máximo que ela pode dar. Os poemas não se limitam a fazer uso de metáforas, afinal, toda a linguagem chinesa abusa dessa figura retórica. Para que seu uso se justifique como poesia, ela terá que criar relações ainda mais complexas. Por isso são metáforas de metáforas e assim sucessivamente. Como cada caractere pode suscitar tanto pelo som quanto pela escrita um desdobramento de sentido, ao serem dispostos em série, eles parecem engendrar metáforas metonimicamente. São metáforas de metáforas e metonímias de metáforas. Isso acaba por renovar e recriar cada metáfora que, a princípio, poderia ser amplamente conhecida na cultura por ser originada de semblantes coletivos. Tal como um tonel, pode proporcionar por essa via complexa de metáforas e metonímias o esvaziamento do sentido.

Entretanto as figuras retóricas usadas pelos chineses não são a rigor a metáfora e a metonímia, mas duas outras extraídas da tradição das poesias do *Shi Jing*, a saber: *bi*, que seria a comparação através da qual o homem busca na natureza um elemento que possa ilustrar um sentimento existente nele mesmo; e *xing*, que é uma incitação, uma evocação pela qual os elementos da natureza fazem surgir no homem sentimentos latentes (CHENG, 2009). O *bi* expressa e mostra, o *xing* suscita e evoca. Ambos colocam a retórica a serviço das relações entre o homem e a natureza, nomeando ou instaurando relações intimas. Procuram transcender o enunciado da obra para chegar ao seu cerne, portanto as figuras retóricas *bi* e *xing* visam ao belo e à produção de um acontecimento, uma ressonância que possa afetar o corpo.

Pelo recurso gráfico que os caracteres viabilizam, encontramos as contribuições mais ricas da poesia chinesa. As imagens dos caracteres permitem a supressão de ligações, conjunções e de outras formas de narração. Tornam possível uma extrema economia atuando numa perspectiva francamente sintética, rompendo com a linguagem comum e introduzindo novas formas de continuidade e de descontinuidade. Isso se torna ainda mais envolvente porque os jogos gráficos não são feitos em total independência com os jogos fônicos. Ao contrário, é a engenhosidade de relação feita em cada um deles e entre eles que faz da escrita poética chinesa um capítulo importante tanto para a poesia quanto para a psicanálise.

Na escrita, os signos se libertam das relações codificadas (CHENG, 1996). Os poemas chamados de *hui-wen-shi* podem ser lidos em diferentes direções, cujo exemplo mais simples envolve aqueles em que se lê, numa direção e depois na direção inversa, o que só é possível através do recurso de redução de regras sintáticas. Há, nesses casos, uma exigência maior do uso estrito da escrita. As formas mais elaboradas desse tipo de poema podem se assemelhar a um labirinto em que incontáveis combinações são possíveis. No caso do poema abaixo, já foram catalogados mais de setecentos poemas possíveis, extraídos de suas combinações.

Fonte: Retrato de Sui Hui ao lado de seu poema 璇璣圖 – Xuanji tu ou "Mapa de Xuanji"

Essa maravilhosa engenharia poética é apenas um único poema que tem sido objeto de interesse por séculos. Ele é atribuído a uma poeta de nome *Su Hui* (350-395). As cores que serão encontradas em algumas apresentações ou os sombreados de tons diferentes formando quadrados e linhas no interior do poema são apenas marcações feitas séculos depois na tentativa de criar uma sistematização de leitura. O poema foi criado sem essas segmentações e, como é o caso do chinês tradicional, sem nenhuma pontuação. Um labirinto repleto de equivocidade que é um desafio para qualquer leitor intérprete. Poemas assim anteciparam a poesia de vanguarda em pelo menos quinze séculos.

O uso da materialidade dos caracteres assume diferentes formas de apresentação. Em outro tipo (*Shang lian*), ocorre um jogo entre poetas que desfilam perguntas e respostas em tom de desafios que lembram um pouco os duelos de repentistas no nordeste brasileiro. Acontece que esses duelos de perguntas e respostas não seguem apenas uma rima exigida pela poesia chinesa, seguem uma formação específica dos caracteres. Vejamos:

此 木 為 柴 山 山 出
cǐ mù wéi chái shān shān chū

因 火 成 烟 夕 夕 多
yīn huǒ chéng yān xì xì duō

Com intenção de facilitar o entendimento foram colocados na disposição de leitura ocidental, horizontal e da esquerda para a direita. Sem oferecer a tradução com a finalidade de explorar a materialidade dos caracteres, vemos o jogo combinatório claramente. Cada verso possui sete sílabas, ou seja, sete caracteres. Como a rima é exigida na poesia chinesa, a combinação não é aleatória nem independente do aspecto fônico. É importante dizer também que todas as combinações são inscritas na norma culta, portanto são todos caracteres regulares. Em cada verso de sete sílabas, o quarto caractere tem que ter a combinação gráfica dos dois primeiros: 此 + 木 = 柴; 因 + 火 = 烟. E também o último caractere tem que ser a combinação entre o quinto e o sexto: 山 + 山 = 出; 夕 + 夕 = 多. Essa é uma ilustração de como a escrita poética chinesa articula som e sentido através da escrita. É a escrita que faz com que o som, o aspecto fônico e rítmico da poesia não se desprenda do sentido que ela produz. Na introdução do livro de Jakobson, *Seis lições sobre o som e o sentido* (1977), Lévi-Strauss comenta que a poesia dispõe de numerosos meios para superar a divergência entre o som e o sentido, fazendo menção a Mallarmé. Os chineses também encontraram diversas formas de fazer essa articulação pela via da escrita.

Em outra modalidade, começamos a ver não apenas jogos de combinações, mas também de deformações na escrita do caractere. Na maioria das vezes, o caractere mantém a forma regular, porém se encontra distorcido, seja com formas mais alongadas ou encolhidas, deitadas, de lado, refletidas em espelho, resultando em curiosos jogos gráficos. Por exemplo:

Acima vemos o mesmo poema sendo escrito de duas maneiras diferentes: à direita, cuja disposição é irregular, é o poema original escrito na vertical, da direita para a esquerda, com quatro versos de três caracteres cada. Ao todo são doze sílabas e necessariamente doze caracteres. No quadro ao lado, está o mesmo poema escrito de uma maneira mais formal, sendo somente uma leitura feita por acréscimo, e não o poema original. Ele tem quatro versos de sete caracteres cada. Os dois primeiros, que estão isolados à direita, indicam o nome do poeta. Como um poema de doze caracteres pode ser transcrito em vinte e oito caracteres? O que sustenta a concisão do poema neste caso são os recursos de intervenção na materialidade da escrita. O círculo com um traço ao meio, na verdade, é escrito 日, *ri*, que significa *sol*; o que vem a seguir é 山, *shan*, que significa *montanha*. Dois caracteres, dois sons e dois sentidos. Porém, ao escrever 日 sem a forma regular, retangular, fazendo-o redondo e bem maior – a regra prescreve que os caracteres devem ter tamanhos idênticos, independentemente do número de traços que o componha –, acaba por sugerir mais do que a sílaba *ri* pode transcrever. Assim como no caso da *montanha*, ao estender o traço central, alteram-se o formato e tamanho original do caractere. A imagem de um "grande sol se pondo por detrás de uma montanha alta" definitivamente não cabe nas duas sílabas *ri shan*, no entanto o poeta o diz assim mesmo.

Há algo intraduzível. Assim como o japonês polissilábico tem que ler o caractere que comporta uma única sílaba em chinês, tendo que se virar com a diferença das línguas frente a uma escrita, aqui também a escrita poética chinesa nos exige o mesmo. Há algo que está escrito, mas que não é traduzível diretamente para a fala. A fala terá que se desdobrar e fazer uso de mais significantes se quiser capturar o que está escrito. Há uma materialidade intraduzível devido ao descompasso existente entre escrita e fala. Essa escrita começa a apontar que pode produzir nesse descompasso não um efeito de sentido, mas uma ressonância que não se restringe à semântica.

Cada um dos caracteres usados está com alterações na forma, exigindo um esforço de leitura. Há caracteres deitados, mais finos, mais espessos, sempre indicando algo que a fala não pode dar conta apenas com a sílaba que o representa.

O vestígio do traço captura mais que a representatividade do significante.

Neste outro exemplo do mesmo estilo de poesia *Shen zhi ti*, segue-se a mesma lógica de construção. Fala da longa despedida de um viajante que vai para longe e da esperança de que ele volte. Vamos nos ater aos dois últimos versos da direita para a esquerda. Os dois primeiros, 亭送, indicam *despedida* e, como são escritos alongados, sugerem uma despedida prolongada; seriam necessários mais dois caracteres para escrever isso, ou seja, 长亭长送. Saltemos o terceiro caractere do penúltimo verso. No último verso vemos escrito 路看, *lu kan*, em que *lu* é caminho e *kan* é ver, para dizer que se vê o caminho. Mas, se observarem bem, esses dois caracteres aparecem escritos de uma maneira invertida. Essa forma de escrita, que também não é aceita na norma culta por ser completamente irregular, força a língua para dizer, apenas com esse movimento dos corpos, da materialidade, que o viajante olha para trás e vê o caminho de volta, anunciando uma saudade e uma certa tristeza de partir para tão longe. O último caractere é 春, que significa *primavera*; mas na composição do caractere 春, o 日, que fica abaixo do caractere e que sozinho significa *sol*, encontra-se inclinado sugerindo que o sol da primavera está se pondo junto com a partida do viajante.

O último caractere do penúltimo verso acentua uma passagem relevante. O caractere em questão é 游, *you*, e 游子, *you zi*, significa *viajante*.

游子

Porém o caractere 子 significa *filho*. Ele aparece como parte que compõe o caractere 游, abaixo à direita, e repete como um segundo caractere 子. A rigor, na língua chinesa e na escrita dos caracteres, que é rígida, 游子 quer dizer *viajante* e é disso que o poema trata. A pronúncia do poema é mantida, mas a escrita aqui se torna totalmente irregular, mais ainda do que nos outros exemplos citados. *You* é escrito de uma forma cursiva e bem distorcida, como se estivesse embolado e, sobretudo, sem a escrita 子. Há uma ausência absoluta do caractere 子 tanto para escrever 游 quanto para formar a palavra 游子 (viajante). No contexto do poema, isso quer indicar que o filho, 子, se foi, não está mais presente, de tal modo que sua ausência é sentida na própria escrita do caractere. O problema é que a forma do caractere é fixa e cada um é uma unidade de som e sentido. O que acontece quando essa forma é alterada a ponto de não encontrar correspondência fônica para ela? Não estamos falando de uma escrita fonética em que é plenamente possível formar palavras que não existem, mas que podem ser lidas porque são formadas por elementos que transcrevem sons, e não sentido. Estamos falando de uma escrita em que o laço com o elemento fônico já é frágil.

Um caractere tem forma fixa e é nela que se pode apreender o laço frágil de sua pronúncia. Quando essa forma é rompida o que resta? Não se criam novos caracteres assim. A habilidade dessa modalidade de poesia pode se mostrar particularmente interessante se pensarmos que o poeta consegue desarticular algo sem que se desprenda totalmente do som, afinal é uma poesia que só poderá percorrer seu curso se houver sons pronunciáveis. Nesse exemplo, a unidade de som e sentido foi estilhaçada e o que vemos é um dos modos possíveis de a escrita poética chinesa desarticular tais elementos. Pela escrita produzem um efeito de esvaziamento do sentido ao escreverem algo que não existe, mas ao qual é imputado um som.

É através da escrita que a poesia chinesa pode operar com a articulação e com a desarticulação entre som e sentido. Dizendo de outro modo, é com a escrita que ela produz efeito de sentido e também efeito de furo. É somente pela subtração de um elemento constitutivo da escrita da palavra viajante que o poeta nomeia quem estava de partida. Não diz diretamente que é o filho que parte, há apenas uma alusão por uma manipulação forçada na materialidade da escrita. O nome a ser dado no poema só advém por efeitos de ressonância, que não são de uma ressonância significante. Fazendo um furo no caractere a escrita poética chinesa faz emergir o nome de gozo em torno do qual a partida é jogada.

Através da escrita, o poeta chinês: a) estabelece o fundamento do equívoco; b) circunscreve o intraduzível na fala; c) produz ressonâncias, e não apenas sentido; d) articula e desarticula som e sentido; e, com isso, e) produz efeito de sentido e efeito de furo. Com a escrita, a poesia produz corte e conexão. Pensar a interpretação no final do ensino de Lacan como um corte e, por extensão, mais próxima do silêncio do analista, não é divergente de uma interpretação pensada a partir da escrita poética chinesa. Nessa perspectiva, ela é ao mesmo tempo corte e conexão. É isso que torna a interpretação poética, e não uma referência ao belo. Se há uma estética da interpretação, ela encontra seu eixo por produzir efeito de sentido ao mesmo tempo em que produz efeito de furo.

A escrita poética chinesa, a partir das operações que realiza com e sobre a materialidade dos caracteres, produz ao menos dois tipos de desconexões: 1) desconectam o significante do significado – uma vez que cada caractere é uma unidade indivisível de som e sentido, ao serem fraturados, retirados de sua composição na língua, são desapropriados do significado; 2) desarticulam a articulação significante – como grande parte das unidades de escrita são caracteres complexos, formadas por dois ou mais caracteres, elas são como uma espécie de micro-holófrase ou um exemplo reduzido de uma cadeia significante S1 - S2. Por exemplo, 昊 = S1 日 - S2 天. Quando, numa poesia, é mantida a pronúncia do caractere visado, mas é alterado um dos elementos dessa cadeia, algo que não é possível na norma culta, o leitor tem a expectativa de encontrar a forma habitual S1 - S2, mas só encontra S1 desarticulado de S2. Nesse ponto, a escrita poética chinesa faz aparecer o S(Ⱥ) como efeito dessa desarticulação significante.

Essa é uma prática que se vale não só da linguagem, uma vez que é poesia, como também tira partido da escrita para romper com os semblantes oferecidos pela tradição e pela cultura chinesas. Com isso, ela consegue fazer emergir a opacidade do gozo. É um discurso do semblante que intervém rompendo o semblante.

Ela aponta que no simbólico há algo de real. Faz isso principalmente com a escrita, o maior dos semblantes chineses. O que se pode extrair dela é a introdução do simbolicamente real, o objeto *a*. Ela expõe não só a fratura da língua, mas principalmente da escrita. A escrita chinesa forneceu a Lacan elementos para construir a teoria da letra e da escrita em psicanálise em relação ao gozo e ao real.

A referência principal é aquela que já pôde ser chamada de poesia de vanguarda, assim como de literatura de vanguarda. Desde *Lituraterra*, Lacan já havia apontado a literatura de vanguarda como uma das formas de intervir com a letra.

Diversas características dessa modalidade de literatura e de poesia estavam presentes na poesia chinesa com uma diferença de quase dez séculos. Coube principalmente a Fenollosa, e depois a Pound, mostrar os caracteres da escrita chinesa como instrumento para a poesia. Assim como Lacan construiu sua teoria da escrita e da letra a partir da escrita chinesa, Fenollosa construiu uma teoria sobre a poesia também a partir dos caracteres. Porém a explicitação de que ela reunia as principais referências para os vanguardistas coube à poesia concreta. Foi através dela que foi possível reunir Pound e Mallarmé num mesmo princípio frente à poesia. Foi a partir dela que ficou mais fácil reunir Fenollosa, Pound, Mallarmé, Cummings, surrealistas, imagistas, futuristas e James Joyce.

A poesia a que Lacan se refere quando fala da interpretação no Seminário 24 não é qualquer poesia. Pode-se dizer que é preciso entender o que é poesia nesse Lacan a partir da poesia chinesa. Através de Cheng, o que Lacan sugere é que a poesia dos Tang nos ensina o que ele chama de poesia: aquela feita a partir do século VIII, uma poesia que é um canto escrito e uma escrita cantada, ou seja, algo que não deixa de marcar um litoral, que não se apoia numa completa independência da escrita com a fala, tal como fazem os nós borromeanos. Uma poesia que só pode ser sendo escrita.

Quando o poeta chinês contorce, amarra e desamarra articulações da matéria dos caracteres, ele os manipula como Lacan fazia com os nós. Um ano antes de falar da interpretação com relação à escrita poética chinesa, ele passou grande parte do Seminário 23, sobre Joyce, fazendo essas manobras com os nós. Cheng lhe mostrou que os poetas Tang eram, por assim dizer, *lacanianos*, fazendo manipulação com os caracteres; sempre em função de uma escrita, dos nós ou da poesia chinesa.

Os enlaces e desenlaces do corpo dos caracteres formavam combinações que não existiam. Se não fosse o contexto e a linguagem poética, eles não seriam nada. Sem sentido, sem forma fônica, nada lhes restaria a não ser um amontoado de rabiscos de quem não sabe ler nem escrever. Mas a poesia sabe o que fazer com isso, sabe como forçar a língua sem abandoná-la. É isso que difere a poesia, ela permite que todos ainda reconheçam ali algo que se refere à língua. A escrita poética chinesa, tal qual a escrita de Joyce, força a língua, enlaça e desenlaça numa combinatória que mantém o leitor atento para que ali haja algo a ser lido. Conseguem fazer nós com a materialidade da escrita, sem transformá-la em *nós*.

Tanto Joyce quanto os poetas Tang souberam fazer nós com as palavras sem que elas deixassem de ser minimante palavras. Muitas vezes sem sentido, mas reconhecíveis. O que a escrita poética chinesa faz com a materialidade dos caracteres desarticula som e sentido, produzindo algo sem sentido. Mas o apelo ao som que lhe é imputado ou mantido, mesmo que por um fio, é o que exige que seja atribuído a ele alguma coisa da ordem de um significante. Um significante novo. Um significante sem sentido, posto que o semblante reconhecido na norma culta não é mais encontrado, desfez-se na manipulação do poeta. O mesmo poeta que o segura ante o precipício com um som. Joyce nos exige um som a ser extraído de uma palavra de cem letras, é isso que nos faz acreditar que ali há um significante apesar de ser sem sentido. Um significante que funciona como letra. A escrita poética chinesa não tem à sua disposição um alfabeto – terá que sustentar o som que caiba numa sílaba. A palavra de cem letras do poeta chinês terá que ressoar com a de Joyce num intervalo de uma sílaba. O quase impronunciável invade tanto o número de letras quanto o número e a forma dos traços.

É quase impossível entender a sugestão de Lacan a respeito da escrita poética chinesa pensando apenas *a poesia*, qualquer uma. Assim como será preciso saber que ele primeiramente precisou passar por Joyce. A escrita poética chinesa na psicanálise lacaniana precisa da escrita de Joyce para ser compreendida. Se é possível pensar em filiação teórica sem incorrer em ingenuidade, diria que a filiação só faz realmente sentido do ponto de vista da experiência clínica lacaniana a partir das noções de escrita, letra, separação entre escrita e fala, entre escrita e leitura, bem como da teoria de *sinthoma* e escrita em Joyce. Inversão curiosa, pois, no campo literário, vários já disseram que a escrita de Joyce seguia o método ideogrâmico. Dentre eles, Ezra Pound (editor de Joyce) e Haroldo de Campos. Para eles, Joyce fazia ideogramas.

Portanto parece que a escrita poética chinesa, ao desenlaçar e fazer novos enlaçamentos com o caractere, o desprovê de sentido, mas sustenta tratar-se de um significante novo por um som. A escrita do caractere pela poesia toma forma de um escrito dessa ordem. O sujeito pode ter escutado quando criança a mãe dizer: "[...] isso acaba com meus dias de vida", e o que se fixa como uma escrita sem sentido a ser lida é uma espécie de formação ideogrâmica das palavras da mãe, como algo que resiste à leitura: "o que quer dizer", pergunta ele, "*diz dívida*?" (*dias divida*). E com isso gozar em torno de infinitas contabilidades.

Por isso pouco importa se o som que se mantém seja o som de uma palavra produzida pelo equívoco ou se são apenas gemidos ou barulhos. Trata-se sempre de uma escrita. Se um barulho se inscreve para um ser falante no lugar de um significante sem sentido, funcionando como letra, uma interpretação que opere a partir da letra e da escrita não precisa se apresentar como uma palavra aceita pela norma culta. Se o que faz escrita não obedece às normas aristotélicas da proposição, não sendo uma sentença lógica que pode ser transcrita, a interpretação do analista também não precisa ser uma proposição formal. Ao contrário, nem deve ser. Se é um barulho que funciona como letra, como escrita, a interpretação do analista pode ser feita com barulhos. Nesse caso, ela não seria poética por ser uma fonte de inspiração do analista. Esse seria o erro de pensar a poesia a partir das referências habituais do Ocidente, da poesia oral que adormece (Lacan, 1998c).

Pensando a partir da escrita poética chinesa, essa interpretação do analista, com barulhos, é poética porque produz um efeito de furo fazendo emergir o objeto *a* e a letra, deixando entrever que se trata de uma escrita desprovida de sentido. E, ao mesmo tempo, produz um efeito de sentido se valendo de algo que se mantém em função do barulho, fazendo parte da escrita *daquele* sujeito, e não de qualquer um. Assim como a escrita poética chinesa mantém o efeito de sentido pelo uso do semblante, operando com ele o efeito de furo ao desarticular a escrita, o analista, ao interpretar com barulhos, mantém nele o pouco de semblante para que o sujeito reconheça ali algo a ser lido. Quando Lacan dizia que a intepretação opera com uma lógica, ele não disse que teria que ser com a lógica formal. A escrita poética chinesa sugere que essa lógica seja poética.

Pode-se preferir dizer que, ao interpretar com barulhos, o analista não esteja interpretando, mas sim fazendo um ato. Mas essa é também uma forma de dizer que a referência é a escrita, e não o significante. A questão importante é que esse analista não intervém com barulhos com aquele analisante em que eles não aparecem como escrita.

É pelo equívoco que a interpretação deve operar e ele comporta três pontos nodais: a homofonia, a gramática e a lógica. Em cada um deles, é a escrita que permite a ocorrência da equivocidade. O equívoco, mesmo na homofonia, não ocorre sem a escrita, na medida em que o impasse é introduzido juntamente com a escrita; sem ela, poderia passar despercebida a equivocidade entre *deux* e *d'eux*, entre *universitaire* e *unis vers Cythère*, por exemplo. A escrita poética chinesa destaca também o que há de intraduzível, aponta para o impossível da tradução, a singularidade que não cabe nas palavras e, no entanto, é mostrada pelo traço.

Manipulando os traços, ela coloca em evidência o império dos semblantes e, sobretudo, o império da letra.

A escrita poética chinesa mostra, além da combinação a partir da escrita em jogo nos dias de vida – diz dívida –, um modo de ligar a palavra plena com a palavra vazia. Em outros termos, permite articular o enunciado e enunciação, fazendo articulações e desarticulações entre som e sentido. Produz um efeito de furo ao forçar um intervalo entre som e sentido obtendo a materialidade da letra em função da disjunção da significação. Apaga o significante como mensagem fazendo emergir a palavra em sua materialidade de letra. E, ao mesmo tempo, pode operar com a mesma materialidade da escrita para manter algum efeito de sentido, algum uso do semblante.

A escrita poética chinesa pode ressaltar que ler chinês na própria língua é uma questão para a análise e para a perspectiva da leitura de uma escrita ilegível.

No mesmo Seminário que Lacan convida a achar na escrita poética chinesa a semente da interpretação, fazendo uma operação ideogrâmica para apontar a verdade do inconsciente: diante da escrita de *Unbewusst* (inconsciente), ele faz uma leitura que opera no sentido de uma metalíngua, para traduzi-lo como *l'une-bévue*, como um-equívoco.

> Não há nada mais difícil do que apreender esse traço do um-equívoco, que eu traduzo *Unbewusst*, que quer dizer em alemão, *inconsciente*. Mas traduzido por um-equívoco, quer dizer totalmente outra coisa – um obstáculo, um tropeço, um deslizamento de palavra por palavra. É exatamente disso que se trata (LACAN, 1998c, p. 12).

É exatamente disso que se trata.

Há ou não há verbo *ser* em chinês?

Ao longo deste livro, não foi discutida, em nenhum momento, a suposta inexistência do verbo *ser* em chinês. Há, sim, a menção rápida a essa asserção feita inclusive pelo próprio Lacan durante o Seminário 18, *De um discurso que não fosse semblante*. Além de outros autores que também reiteram essa ideia, como é o caso no Brasil, por exemplo, de Haroldo de Campos. Como eu dizia, embora não tenha sido o fundamento para nenhuma construção ao longo do livro, essa questão apareceu algumas vezes, inclusive de forma acalorada em certas circunstâncias. Encontramos fortes argumentos dentro do estudo das línguas para dizer que essa assertiva não passa de uma exortação vazia, tendo em vista os inúmeros usos da língua que comportam o verbo *ser* em suas construções. Do mesmo modo, e por outro lado, encontramos fortes argumentos que se valem inclusive de aspectos filosóficos e epistemológicos para dizerem que não há verbo *ser* em chinês.

Em alguns desses debates, eu tive a oportunidade de dizer algumas palavras sobre a diferença entre o chinês tradicional e o grego antigo, me valendo da diferença e do lugar que a ontologia ocupou ou deixou de ocupar dentro desses dois campos filosóficos e linguísticos. Contudo essa discussão sempre me pareceu terminar em aberto.

Um dia resolvi levar esse problema linguístico, filosófico e epistêmico para o meu professor de mandarim, Lu Ying Cheng. Depois de gastar um tempo precioso da aula para explicar o tamanho do problema e a dificuldade de resolvê-lo – uma vez que há argumentos robustos nas duas direções, inclusive frases muito usuais em mandarim em que há o verbo *ser* –, ele respondeu rindo que não entendia a razão dessa polêmica.

Sua resposta me pareceu brilhante: não importa se existe ou não existe o verbo *ser*, o importante é prestar atenção no ideograma, disse ele. Na verdade, a princípio, essa resposta se assemelhou àquelas tiradas de anedotas de um mestre zen, ou daquelas cenas que se tornaram caricatas no Ocidente a respeito de uma certa noção idealizada de sabedoria oriental. Minha primeira reação foi rir junto com ele, mas sem entender nada.

Em seguida o que parecia enigmático foi se tornado de uma clareza e concisão incríveis. O ponto de partida deve ser a literalidade da resposta que dividirei em dois tempos: 1) não importa se há ou não o verbo *ser*; 2) o que importa é prestar atenção no ideograma. Para o chinês, de fato, nem o verbo *ser* nem o *estar* são relevantes e imprescindíveis, essa é a primeira afirmação. A outra é que o ideograma se sobrepõe, mais uma vez.

"Eu sou brasileiro" em mandarim se diz e escreve assim:

我是巴西人
Wǒ shì bā xī rén

De imediato temos a resolução do problema, afinal temos o verbo *ser* que se pronuncia *shì* e se escreve 是.

Ou ainda, "você é meu professor":

你是我的老师
Nǐ shì wǒ de lǎo shī

Mais uma vez, temos o verbo *ser*, e *shì*, que se escreve 是. Então, o assunto deve estar encerrado e a resposta é que na verdade há, sim, o verbo *ser* em chinês. O exemplo não deixa dúvidas.

Contudo, vamos para outros exemplos. Se eu disser "você é inteligente", há o verbo *ser*, e em mandarim:

你很聪明

Nǐ hěn cōng míng

Onde está o *shì?* Onde está o caractere 是?
Ou ainda em "eu sou feliz":

我很开心

Wǒ hěn kāi xīn

Em nenhum destes dois últimos exemplos há o caractere 是 que se lê *shì*, embora, ao lermos *em português*, façamos uso do verbo *ser* para traduzir essa frase, que na verdade se escreve com o caractere 很 que se lê *hěn*. Alguém poderia pensar que tanto 是 quanto 很 seriam variações do verbo *ser*. Não é o caso. O caractere 很 pode ser usado neste exemplo:

"Tem muitas pessoas na rua."

街上有很多人

Jiē shàng yǒu hěn duō rén

Para ficarmos nos exemplos já dados, "eu sou feliz" e "você é inteligente", apesar de usarmos em português o verbo *ser*, não é a *shì* que o chinês recorre. Não é no verbo *ser* que ele pensa, nem mesmo no caractere 是. Ao vir acompanhado de adjetivos, o chinês pensa no caractere 很, *hěn*, que também não é o verbo *ser*, tanto quanto 是, *shì*, também não o é.

Isso nos mostra que no mandarim moderno, o caractere 是, *shì*, em algumas situações pode assumir a função do verbo *ser*, sem, contudo, ser ele mesmo o que entendemos como o verbo *ser*. Valendo lembrar que o outro caractere, por exemplo o 很, *hěn*, embora também não seja o verbo *ser*, também pode exercer sua função quando acompanhado de um adjetivo.

Mas nem sempre 是, *shì*, que é tão comumente aceito e traduzido como se fosse o verbo *ser* em mandarim, exerceu essa função. Como exemplo, vamos observar um dos maiores textos clássicos chinês, o *Dao De Jing*, mais comumente conhecido com a grafia *Tao Te King/ Tao Te Ching*. No capítulo 6 temos:

是以圣人后其身

Já reconhecemos facilmente o primeiro caractere, 是, *shì*. Na tradução de Mario Bruno Sproviero temos "por isso o homem santo ficando atrás" (2007, p. 55), enquanto na tradução de Giorgio Sinedino temos "[Intuindo-o,] o Sábio coloca-se em último lugar" (2016, p. 64). Em nenhuma das duas traduções encontramos o verbo *ser* apesar do caractere 是, *shì*, estar presente.

No capítulo 6:

是謂玄牝

Encontramos nos mesmos tradutores, respectivamente "diz-se místico feminino" (2007, p. 53) e "Eis o que chamo de Fêmea Misteriosa" (2016, p. 56). Mais uma vez sem nenhuma necessidade do uso do verbo *ser*.

O caractere 是, *shì*, no chinês tradicional dos textos clássicos, como no caso acima do *Dao De Jing* e também nos *Analectos* de Confúcio, para citar mais um exemplo, não é usado como verbo *ser*. Esse uso se tornou comum no chinês falado atualmente, mesmo que não se configure, a rigor, como a tradução literal do que entendemos como verbo *ser*. Por uma questão prática podemos dizer, de modo rápido, que 是, *shì*, tem como tradução o verbo *ser*; com a consideração de que 是的, *shì de*, significa simplesmente "sim". Ou seja, parece muito mais uma necessidade dos não chineses fixarem no 是 o verbo *ser* do que uma necessidade da própria língua e do pensamento de um chinês. Aquilo que pensamos sobre o verbo *ser* e o lugar que damos a ele, e muitas vezes só o fazemos com o suporte de todos os seus reflexos ontológicos, talvez seja fundamental para o modo com que habitamos e somos habitados pela língua. Para um chinês, isso não parece essencial, uma vez que o fundamento não está no verbo *ser*, mas no *ideograma*, como disse Lu Ying Cheng.

Por uma metodologia de pesquisa em psicanálise

O ponto de partida do *Lacan chinês* é clínico. Iniciei meu percurso na clínica psicanalítica em instituições na virada da década de 1980 para 1990. Naquele período eram comuns as discussões, textos, jornadas e congressos que tratassem sobre psicanálise e instituição. Minha entrada foi marcada pelo contexto desse problema.

Após um período com a clínica de crianças e adolescentes, entrei para uma instituição pública de saúde mental, um CAPS AD, o Centro Mineiro de Toxicomania, onde o problema parecia ter duplicado: era comum a ideia de que a psicanálise não poderia tratar a toxicomania e o alcoolismo, embora tivéssemos centros que já faziam essa aparente proeza há tempos. Frequentemente na sua história, a psicanálise se viu alvo deste tipo de críticas, de que não se aplica aqui nem acolá, que não é eficaz ali nem lá, que não trata psicose, não trata autismo, não trata toxicomania, que não se faz análise em instituição, e assim por diante.

Seja como for, as instituições de saúde e o SUS foram impressos na maneira de pensar minha prática clínica. O modo com que se traduziu e performou no meu corpo e na minha leitura desse fragmento da história da psicanálise foi através da pergunta do que pode fazer um analista com algumas de suas variantes. O que é o ato analítico? O que é a interpretação analítica?

O interesse por temas chineses, japoneses, indianos, precederam cronologicamente o conhecimento sobre Freud e Lacan, e caminharam durante muito tempo não só paralelamente como completamente independentes. Até que conheci um filósofo, pesquisador e professor na UFMG, Walter Evangelista. No início da década de 2000, ele pesquisava as relações entre o zen budismo e o conceito de Princípio de Nirvana em Freud. Foi o primeiro sinal de que dois significantes mestres que caminhavam isoladamente poderiam se aproximar e ter alguma relevância em termos de uma pesquisa.

Ao longo de um ano reuni material para uma pesquisa que procurasse articular ambos. Era algo que passava pelo *Projeto para uma psicologia científica*, de 1895, e pelo *Além do princípio de prazer*, de 1920. Um ano em que, por inexperiência e ingenuidade, imaginei ter descoberto a roda, o que fez desse percurso algo solitário e até sigiloso, num dissenso absoluto com o que é o processo de produção de conhecimento.

Até que um dia, após uma sessão de zazen (meditação zen) num zendo (sala onde se pratica o zazen), escutei o monge Napoleão da comunidade zen budista Daissen dizer da diferença entre as escolas Rinzai e Soto em relação ao uso do Koan. Sobre seu uso regular e formal na primeira e sua aparente inexistência na segunda. Ele havia dito que para a escola Soto Zen, o Koan seria um acontecimento contingente na vida, que funcionaria como um paradoxo insolúvel pelas vias usuais. Seria a emergência de um elemento disruptivo que abalaria a ordem estruturada. Era isso que eu procurava sem saber.

Em três dias elaborei outro projeto de pesquisa em psicanálise. Numa conversa com o amigo e futuro orientador de doutorado (naquele momento ainda distante), Antônio Teixeira, apresentei os dois pré-projetos: o de um ano e aquele neófito de três dias. Ele não teve dúvidas que seria este mais recente. Foi a primeira indicação inequívoca de que pesquisa e produção de conhecimento passam por muitos, por conversas, redes e alianças, assim como pelo próprio corpo e pela própria História.

O desdobramento dessa convergência resultou numa pesquisa que abordava justamente psicanálise e zen budismo. Contudo, o zen budismo não era o objeto nem o tema da pesquisa. O objeto era o ato analítico.

Logo na abertura do Seminário 1, *Os escritos técnicos de Freud*, Lacan fala do ato do mestre zen que rompe o silêncio com um sarcasmo, um pontapé. Isso em 1953. No mesmo ano, em *Função e campo da fala e da linguagem em psicanálise*, também recorre ao zen budismo. Por que logo no início de seu ensino, ao retomar Freud num procedimento metodológico de retorno ao que é essencial em Freud, Lacan recorre, em uma passagem a respeito da clínica, não à ciência, ao discurso científico, à matemática, à filosofia? Cada um deles muito mais presentes no campo conceitual lacaniano do que uma referência aparentemente exótica de um mestre zen. Em outro momento crucial do pensamento sobre a clínica em Lacan, já no Seminário 20, *Mais, ainda*, quando alguns autores localizam uma virada para uma clínica do real, ao falar novamente do modo do analista intervir, recorre mais uma vez ao zen e ao manejo do mestre zen através de um Koan. São dois momentos importantes de tomada de decisões e recomposição de uma discursividade da teoria e clínica psicanalíticas, e Lacan traz o zen, o mestre zen com seu manejo, primeiro pelo ato propriamente dito, e depois também pelo ato mediado pela dimensão enigmática de um Koan. A dimensão disruptiva e o dissenso presentes tanto num ponto quanto noutro, marcando um traço fundamental do ato analítico.

Alguns passos à frente, vislumbrei uma nova pesquisa, embora mantida a mesma pergunta sobre o que faz um analista. Dessa vez me deparei com uma passagem de Lacan no Seminário 24 falando da interpretação do analista e sua relação com a escrita poética chinesa. Estamos em um Lacan de depois do seminário sobre Joyce, sobre os nós borromeanos, num ponto em que muitos comentadores defendiam já ter ocorrido o fim da interpretação, relegando-a a uma prática mais própria a Freud do que a um último Lacan. Alguns desses argumentos e desse contexto já estão no livro e por isso posso abrir mão de trazê-los de volta. O mais importante é lembrar que estamos destacando uma reflexão de Lacan sobre a interpretação num momento em que parecia muito mais voltado para a operação literal do manejo com as amarrações dos nós. Já passamos do pensamento da estrutura, da literalidade na transmissão do matema e da própria clínica dos nós, que parecia colocar uma crítica irrefutável à dimensão do significante em favor da letra, além de crítica ao semblante em favor do real do gozo, e por aí vai. A aridez silenciosa do manejo com os nós parecia ter decretado um impasse insolúvel tanto ao significante quanto ao semblante e, consequentemente, relegado a interpretação a uma página amarelada de um livro perdido em algum lugar da estante.

Apesar de tudo isso, apesar dos nós borromeanos, da potência de se pensar um real sem sentido, Lacan recorre à poesia, não qualquer uma, à poesia escrita chinesa. O que vem a seguir faz parte do que pode ser lido ao longo deste livro.

Quero apenas destacar que a pesquisa que resultou no *Lacan chinês* parte dessa pergunta escrita na carne e na existência de um percurso de um psicanalista na clínica. E, sobretudo, que a escrita poética chinesa não foi o objeto desta pesquisa.

François Jullien se tornou alvo de duras críticas de alguns sinólogos, como Jean François Billeter, que questionavam a qualidade de suas pesquisas em sinologia. Porém, apesar de uma vasta produção e pesquisa sobre a China, sobre o pensamento chinês, sobre livros clássicos chineses, François Jullien nunca se colocou como um sinólogo, mas sim como um filósofo. Isso faz toda a diferença. A China, mesmo que a tradicional, a clássica, não é seu objeto de pesquisa. O pensamento chinês, seus livros clássicos, sua língua e escrita não são seus objetos. Como filósofo, sua pergunta repousa sobre as categorias fundamentais do pensamento e da filosofia gregos, como a categoria do ser, a ontologia, a ética. Mas sempre numa perspectiva grega. O giro que ele propõe me parece essencial para o entendimento do que tento trazer. Para interrogar as categorias fundamentais do pensamento, ele quer saber se seriam de fato o fundamento essencial de uma racionalidade, neste caso, a ocidental. Seus marcadores são *a priori*? Para isso, recorre a uma cultura, uma tradição, que durante muito tempo foi completamente distante da tradição europeia, não fazendo parte nem do mesmo grupo linguístico.

A China é o nome desse Outro que não teve relações nem com o pensamento grego nem com o judaico-cristão. O que está em questão é se esse Outro formulou as mesmas perguntas ou mesmas respostas, sendo exatamente um Outro estrangeiro às categorias gregas e europeias. Se esse Outro chegasse a formular questões semelhantes, poderia reforçar a essencialidade e a dimensão apriorística das categorias filosóficas. Caso contrário, se chegou a formular outras questões, outras respostas, seremos obrigados a um exercício maior ao pensar sobre o lugar e as condições de possibilidade de categorias fundamentais. Em suma, interroga a filosofia grega a partir desse Outro que é a China.

Nesse sentido, a primeira pesquisa não era sobre o zen budismo, era sobre o ato analítico. O zen budismo, o mestre zen, o Koan eram a metodologia. Assim como a escrita poética chinesa não é objeto da pesquisa, nem a língua chinesa, nem a poesia chinesa. Essas são a metodologia para investigar a interpretação analítica em Lacan.

Lacan chinês não é um ponto ideal, não é um exotismo. É a contração, a redução, a síntese entre casuística e metodologia. O caso clínico é o ensino de Lacan. O Lacan do significante, o Lacan da estrutura, do sujeito, bem como o Lacan da letra, dos nós borromeanos, o Lacan joyceano. Chinês é a metodologia. A escrita chinesa, a poesia chinesa, o ideograma, a caligrafia, o taoismo, o pensamento chinês, todo o escopo deste Outro estrangeiro não é idealizado porque não é um alvo, é o método de investigação.

É justamente essa metodologia que me permite interrogar se, para além do Lacan da estrutura e dos nós borromeanos, não estaria o Lacan da poesia, do poema. Um Lacan que não se escreveu, ainda.

Um país habitável para nós

Christian Ingo Lenz Dunker[45]

Um analisante lembra-se de sua mãe dizendo: "isso acaba com meus dias de vida". Antes disso, a frase lhe parecia enigmática: "dias dívida". Seria isso uma ordem para "*dividir os dias*"? Como se faz em boa parte do Brasil, pronunciamos a letra *e* na expressão "de vida" como *i*, resultando em "dias di vida". O fenômeno chamado epêntese, ausente no português de Portugal, criava um segundo sentido potencial, porque convidava ao deslocamento da acentuação, de "*divida*", do verbo dividir, para "*dívida*", substantivo de pesadas consequências quando se pensa na relação entre um filho e sua mãe.

Essa complexa operação de leitura e desleitura, envolvendo equívocos e homofonias com passagens incertas da língua oral para a língua escrita, faz parte do cotidiano da interpretação psicanalítica. Durante algum tempo, suponha-se que, para praticar sua arte, o psicanalista deveria possuir alguma sensibilidade poética. Qual poesia haveria de lhe servir melhor? Os clássicos da retórica latina, descritos por

---

[45] Psicanalista e professor titular do Instituto de Psicologia da USP. Obteve o título de livre-docente em Psicologia Clínica após realizar seu pós-doutorado na Manchester Metropolitan University. É autor dos livros *Estrutura e constituição da clínica psicanalítica* (2011) e *Mal-estar, sofrimento e sintoma* (2015), ambos contemplados com o Prêmio Jabuti.

Quintiliano. A poesia que se libertou do verso, no veio de Mallarmé ou Ezra Pound? A poesia surrealista de Éluard ou Prévert e seu esforço por um ato poético? Procurando o ponto arquimediano da poesia psicanalítica, chegamos a uma espécie de caso problema. Uma língua capaz de desmontar as categorias nas quais estávamos acostumados a colocar a questão: ideia ou coisa, forma ou matéria, conceito ou palavra. Como declarou Lacan em 1971 no seu Seminário 18, *De um discurso que não fosse semblante*: "[...] é que talvez eu só seja lacaniano por ter estudado chinês no passado" (LACAN, 2009, p. 35).

O livro de Cleyton de Andrade, publicado originalmente em 2015, fruto de sua tese de doutorado na UFMG, é um estudo que nos habilita a entrar neste território infinito e inconquistável que é o chinês pelas trilhas que Lacan trilhou. Com a humildade que convém para a tarefa e com a generosidade que nem sempre se encontra nestas paragens, Cleyton reconstrói o contexto histórico e político, filosófico e religioso capaz de produzir o maior quebra-cabeças linguístico em uso corrente no atual planeta humano. Sabe-se que Lacan trabalhava com inúmeros colaboradores, amigos e alunos que lhe traziam leituras e atualizações pontuais das mais diversas áreas do saber, apesar disso ele manteve, ao longo de toda a vida, duas práticas de estudo continuadas: a matemática e o chinês. De Marcel Granet, nos anos 1930, ele retirou a ideia de que os caracteres são rébus, envolvendo auxiliares descritivos, que atuam como pinturas vocais. Se os sonhos são rébus, como afirmara Freud, a língua chinesa seria uma língua que trabalha a céu aberto com os processos primários pelos quais os sonhos são feitos. De Paul Demiéville, nos anos 1940, veio a influência dos temas éticos e da filosofia de Confúcio, culminando na fracassada expedição à China, sob a crítica cerrada de Philippe Sollers e do grupo *Tel Quel*. De François Cheng, entre 1969 a 1973 e depois em 1977, vem o taoismo e a filosofia de Chuang-tse, bem como o aprofundamento da relação entre caligrafia, poesia e pintura na língua chinesa. Deles nasce o conceito de traço unário (tal qual o caractere chinês, feito de uma só vez), o problema da letra como essência real do significante e a noção de sopro do vazio mediano, que redefinirá a política lacaniana do não sentido (*ab-sense*) e do sem-sentido (*sense-blanc*). Dos vinte e seis seminários de Lacan, apenas seis não fazem referências ao chinês.

Para bem praticar a psicanálise não é preciso saber chinês (tampouco javanês), mas é importante conhecer os princípios dessa língua em toda a sua extensão, pois ela amplia incrivelmente o sentido do que chamamos de linguagem. A começar pela ideia de que o sinograma não é um ideograma (escrita da ideia), nem um morfema (baseado na forma), nem um fonema (destituído de semântica), nem mesmo uma única palavra ou só uma palavra. Cada sinograma traduz uma das 1.200 sílabas dotadas de sentido, das quais cada uma remete a aproximadamente 45 palavras (usando-se oito entonações), o que no conjunto dá mais de 54 mil caracteres, cada um formado por até 25 traços. Inversamente um único som pode suscitar mais de dezenove sinogramas diferentes. Resultado: é possível ler chinês sem falar a língua, bem como é possível falar a língua sem entender como ela se representa em seus caracteres. Tendo sido formada como uma língua para nobres e funcionários do império, a língua escrita permaneceu quase a mesma desde sua origem, dois mil anos antes de Cristo, enquanto as mais diversas línguas faladas se transformavam pelos doze cantos do Império do Centro. A letra, como suporte material do significante, tem uma íntima conexão com o corpo. Ela não é apenas a representação tipográfica imóvel, representada pelo seu produto visual, como os tipos de Gutenberg. A letra é o vestígio de um gesto, no qual o movimento tem soberania sobre a forma final. Lacan trará isso para a psicanálise e para a escuta do inconsciente e da pulsão. Se o Ocidente pensa a solidez das proposições e seus semblantes de unidade como o ponto de partida do qual surgirão problemas pontuais de homofonia, gramática e lógica, a língua chinesa, com sua ausência de conectivos, conjunções e cópulas (por exemplo, o verbo *ser*), nos mostra que o ponto de partida pode ser a indeterminação do sentido, em que o caso excepcional e contextual é o consenso na fixação da significação. E isso se mostra inclusive na apropriação que a poesia ocidental fez do chinês. Assumindo-se o programa de Mallarmé de romper com as exigências de sentido e compreensão, como normas expressas pelo verso, o jogo da poesia moderna, entre continuidade e ruptura, aparecerá espontaneamente como um jogo chinês. Contudo Fenollosa e Pound, o editor de James Joyce, perceberam no chinês a combinatória intrusiva entre escrita e fala, entre letra e significante, mas não deram muita importância ao ritmo gestual e ao corpo. Apollinaire, Cummings, surrealistas e cubistas entenderam a dimensão de ato envolvida no limiar entre escrita e figura, mas confundiam a letra com o ideograma. Eisenstein percebeu que esta era a linguagem que melhor servia para pensar a montagem cinematográfica, mas não captou a força do tempo nesse processo. Finalmente os poetas concretos e imagísticos, focaram-se no limiar entre o signo e sua espacialidade, deixando de lado o vazio. Ou seja, o Ocidente viu caminhos potencialmente diferentes no chinês, todos eles subvertendo a relação entre som e sentido, mas nem sempre envolvendo todos os aspectos da relação entre linguagem, imagem e real.

Mas nem só de forma vive o espírito chinês da linguagem. Como afirmará Chuang-tse, existem vários *taos*, vários caminhos, quando seguimos o curso dos acontecimentos escutando os princípios que regem uma situação. Essa maneira ativa e irônica de *não agir* (*wu wei*), como a água na corredeira, entende que antes da união de *yin* e *yang* existe o sopro do vazio mediano, que cria todas as coisas. Aliás, seria um preconceito ocidental, obcecado pelo dualismo, interpretar que ambos fazem Um, como o andrógino que acasala homem e a mulher. Todos os caminhos e todos os discursos são apenas semblantes, que ligam o imaginário ao simbólico. Para Confúcio e para Mêncio, o terceiro termo que une os caminhos é o homem (*ren*), para o taoismo é o sopro do vazio mediano. O que mais importa não é a distância ou diferença entre o Céu e o homem, mas o intervalo, o litoral vazio que os separa e une. Teria sido dessa função do vazio, como cerne do discurso e abismo entre escrita e fala, que Lacan importou a ideia de que a relação sexual não existe, ou melhor, que entre os sexos vigora uma não relação. Assim como teria sido na tradição humanista chinesa que Lacan reconheceu o significante do falo como representante da falta entre os sexos. Temos então dois limites no campo da linguagem. Há um limite externo marcado pelo litoral entre o visível e o legível, entre o traço da pintura e a letra da caligrafia, onde Lacan localiza o gozo. Há também um limite interno definido pela "não relação" entre fala e escrita. Entre os dois campos está a fronteira entre artes visuais e artes verbais. Nela habita a dança e o gesto, o movimento e o ato, que marcaram tanto a arte, a partir das neovanguardas dos anos 1960, quanto o giro filosófico, da teoria do sujeito para a experiência do corpo.

"O vazio está no centro do pensamento chinês assim como da arte chinesa, seja na poesia, na música ou na pintura, ele exerce uma função de pivô" (neste volume, p. 155). Isso aparece no ritmo sincopado da música, nos espaços não pintados da tela, no tema das nuvens e névoas, na abundância de traços da pintura, na ressonância do corpo na caligrafia, no canto do ato poético. Em função desse vazio, as trocas humanas, seus ritos e suas aparências estão mediados por uma predisposição ao mal-entendido. Fato que Lacan trouxe para o Ocidente, incutindo-a em sua definição de demanda: "Peço-te que me recuses o que te ofereço porque não é isso", aliás, escrita pela primeira vez por Lacan em chinês. Ler o que se pede é bem mais difícil do que saber o que se pede. Os exemplos de como o ritmo, a entonação e a ressonância estão disponíveis em chinês são impressionantes. Um poema com 250 sinogramas diferentes, todos eles legíveis como a mesma sílaba *shi*, implicando, portanto, 250 significações diferentes. O jogo entre o visível e o legível se exemplifica no seguinte caso adaptado: "Fd" (*hao*) é composto por dois caracteres "F" (mulher) e "d" (filho). Todavia o poeta, para escrever a saudade do filho que abandonou o lar, escreve "Fb". Sendo "F" a mãe e a letra "b" o inverso de "d" ou seja, um filho olhando para outra direção que não a da mãe. Ainda que "d" não seja um sinograma disponível, ele não se tornou um mero desenho. Apesar do aparente acréscimo de sentido que esse ato poético traria consigo, o que estritamente está acontecendo é um esvaziamento do sentido, tal como Lacan esperava do tratamento psicanalítico. Vê-se, assim, que o sentido depende menos da relação do som com o sentido do que do som com a escrita. Portanto, mesmo que nossos pacientes falem, eles devem supor e contar com um sistema de escrita.

> Através da escrita, o poeta chinês: a) estabelece o fundamento do equívoco; b) circunscreve o intraduzível na fala; c) produz ressonâncias, e não apenas sentido; d) articula e desarticula som e sentido; e, com isso, e) produz efeito de sentido e efeito de furo. Com a escrita, ele produz corte e conexão (neste volume, p. 200).

Ao final de seu ensino, Lacan propôs retraduzir o conceito fundamental da psicanálise, ou seja, o inconsciente, segundo um método chinês. Ele tomou a palavra alemã para inconsciente (*Unbewusst*) e percebeu que ela ressoava com a expressão francesa *une-bévue* (um equívoco). Exatamente como um sinograma como *si*, ou *szu*, pode remeter a dezenas de palavras, tanto em mandarim quanto nas diferentes versões faladas do chinês. Com isso, Lacan lembra que o inconsciente não fala nem alemão nem francês, mas um sistema de escrita envolvendo cifração e decifração. A tradução equipara o prefixo negativo do alemão *Un* ao pronome definido *une* do francês. Aproximação que não é arbitrária, aos olhos da filosofia taoista, para a qual o negativo encontra sua unidade justamente no vazio. Ainda assim, *bévue* (equívoco) é um dos exemplos maiores de formação do inconsciente, descrito por Freud, em *Psicopatologia da vida cotidiana*, como ato falho. Portanto estamos diante de uma metonímia na qual tomamos a parte (o equívoco) pelo todo (o inconsciente). Obviamente, a tradução de *Unbewusst* por "um equívoco" é equivocada. Por meio desse ato poético e tradutivo, Lacan mostrou como o inconsciente nos escapa ali mesmo onde pretendemos apanhá-lo, em seu conceito, em seu caso paradigmático.

O trabalho de Cleyton Andrade é sem precedentes em português. Essencial para entendermos a influência do chinês não só sobre a psicanálise, mas também na cultura ocidental do século XX. Repleto de saborosos exemplos e com uma minuciosa análise das referências lacanianas, ele torna esta máquina infernal de signos, este império dos semblantes, um país habitável para nós.

A urgência de ser chinês hoje!

Fabian Fajnwaks

Quando fechar o livro, o leitor perguntará a si mesmo o que conseguiu reter desta leitura. O fato de a língua chinesa permitir dissociar o som do sentido e de o escrito no caligrama ser o que permite determinar o sentido foi o que levou Jacques Lacan a encontrar a estrutura que possibilita ler a experiência de uma análise. Um dos grandes méritos de Cleyton Andrade é ter assinalado neste livro que, paradoxalmente, foi pelo recurso a uma língua que não tem alfabeto que Lacan descobriu que a palavra viabiliza acesso ao escrito, para além dos equívocos da combinatória de signos em chinês ou dos significantes na análise. Isso produz uma espécie de pleonasmo no título deste livro *Lacan chinês*: que o ensino de J. Lacan ensinando-nos a ler o que como letra se escreve através da palavra faz escutar que Lacan *é* chinês ("Não seria lacaniano se não tivesse estudado chinês...").

O analisante fala e desdobra cadeias de significantes que permitem isolar, ao final da análise, o que faz letra, litoral, borda com o que não pode ser dito. Esclarece-se, assim, não o que já se encontrava escrito no que o analisante expôs durante os anos em que tentou bem-dizer o que o aflige, mas sim o que se escreve naquilo que diz. Porque em psicanálise o escrito não precede a palavra, e sim deposita-se através do que se diz. Analogia com o caligrama chinês, que permite definir os equívocos propiciados pelo aglutinamento de signos para produzir as palavras: escritura de tipo glotográfi-co. Não é a única no mundo, Cleyton destaca isso evocando outras escrituras no Oriente; e o *Net*, outro modo de escritura particular, digital, nos indica que existiu na América *El códice de Huichapán*, um manuscrito histórico do período Novo-Hispânico Inicial (1632) que emprega o sistema de escritura pictórica do centro do México, junto com textos alfabéticos em otomi, assim como algumas glosas isoladas em nahuatl. A aglutinação de signos participa desse equívoco, certamente estrutural a todas as línguas, mas incentivado pela escritura caligráfica.

Que seja a partir da língua portuguesa do Brasil – língua por excelência barroca por sua sintaxe flexível, pelas inversões de sua pontuação, seu entusiasmo pelos excessos e as figuras retóricas, como nos diz o *Vocabulario europeo de los intraducibles* – isto é, que seja a partir dessa melodiosa língua que o autor nos revele a relação de um francês, Lacan, com a China não nos parece banal, além do fato de um autor como Lacan ser universal. O fato também de que aquele que escreve estas linhas, sendo hispanófono, o leia em português desde a França não é mais que a marca do interlinguístico que distingue nossa época joyceana – um *Finnegans Wake* generalizado. Cruzamentos de meridianos, mas cruzamentos de línguas também, e, para além do interlinguístico, quiçá, como ocorre com o chinês e com a psicanálise, o que bordeja a diversidade possa ser escrito. Cleyton assinala isso no livro: é com Joyce e a partir de Joyce do Seminário 23 que Jacques Lacan lerá *A escrita poética chinesa,* de François Cheng, no ano seguinte, indicando ao seu auditório que este trabalho dá a chave do que deve ser a interpretação analítica. Neste livro maravilhoso – que Cleyton comenta longamente aqui –, François Cheng nos explica como as noções de cheio e vazio presentes no taoísmo desde Lao-tse e Chuang-tse encontram uma expressão na pintura, na poesia, na música, no teatro, na representação do corpo humano, no tai chi chuan, na acupuntura etc., através de um equilíbrio entre o *yin* e o *yang*, equilíbrio que permite a circulação do sopro do vazio mediano. Na poesia, mais especificamente na dinastia Tang (entre os séculos VII e IX d.C.), Cheng explica que por volta do século IX ganhou impulso uma nova forma de poesia, a "poesia cantada", chamada *ci*. Nela, os versos são de uma extensão variável, seguem regras bem definidas e são palavras adaptadas de melodias preexistentes, gênero que consagra assim a simbiose entre a poesia e a música. "O chinês antigo é essencialmente monossilábico" – explica Cheng –

> e a pronúncia de cada palavra de base ou monema é composta por uma única sílaba. Este monossilabismo foi favorecido, de certo modo, pela própria escritura. Os ideogramas, com sua estrutura gráfica de dimensão idêntica e sua forma invariável, tendem a ser afetados por um mesmo som mínimo. O fato de cada sílaba, da qual cada ideograma se encontra dotado, constituir uma unidade vivente, unidade de som e sentido, e que, além disso, o número de sílabas diferenciadas em chinês, por causa dos múltiplos casos de homofonia, seja surpreendentemente reduzido, outorga à sílaba um valor fônico e "afetivo" altamente significativo, próximo daquele que se encontra em cada som na interpretação musical de um instrumento antigo. A combinatória de sílabas na poesia, num ritmo conciso e denso, deve ao mesmo tempo evocar a grande rítmica do Tao, na qual a combinatória do *yin* e do *yang* permitem a passagem do sopro vital (CHENG, 1977, p. 28).

De que maneira o vazio é introduzido na poesia? Cheng explica isso e Cleyton lembra-o aqui: não só pelo uso do léxico e da sintaxe, mas pela alternância de palavras plenas (substantivos, verbos de ação e de qualidade) e de palavras vazias (aquelas que indicam relações: pronomes pessoais, advérbios, preposições, conjunções), reduzindo o número de palavras vazias e conservando certos advérbios e conjunções, colocando uma palavra vazia no lugar da palavra plena (remeto aos exemplos que o autor indica no capítulo correspondente). Mas... palavras *plenas* e palavras *vazias*: isso não faz o leitor lembrar um pouco do Lacan de "Função e campo da fala e da linguagem em psicanálise"? François Cheng aplica aqui a psicanálise à escritura poética chinesa, ou será que Lacan já era *chinês* em 1953 e aplicava as técnicas da escritura taoísta dos poetas Tang à psicanálise? Constata-se, assim, um claro processo de esvaziamento do sentido, através da produção de equívocos que dão o modelo, para o Lacan do Seminário 24, do que deveria ser a interpretação analítica.

Desse modo, descontinuidade – o que implica decomposição da linguagem, explica Cleyton Andrade aqui – e reversibilidade na progressão linear e temporária da linguagem "permitem ao poeta criar uma relação aberta de reciprocidade entre o sujeito e o mundo objetivo e transformar também o tempo vivido em espaço vivente" (CHENG, 1991, p. 46). Deixamos ao leitor o prazer de ir ler os belos exemplos de Du Fu, que já no século IX de nossa era, antes que Mallarmé e os vanguardistas franceses de princípios do século XX (Apollinaire e seus caligramas poéticos, os surrealistas) como Andrade assinala aqui, se deleitassem em lançar mão do equívoco para permitir fazer circular o sopro vital na escritura.

Uma pequena investigação pessoal me permitiu descobrir que os haicais que Bashô escreveu no século XVI no Japão buscaram inspiração nos textos dos poetas da dinastia Tang. Sabe-se que os haicais – composições breves e sem sentido para os ocidentados que somos, mas que expressam o *satori,* o esvaziamento de sentido como culminação da experiência do taoísmo – eram prática oral, diversão dentro das famílias, antes de encontrarem uma forma escrita com os poetas japoneses do século XVI. Tal como os poetas taoístas da geração Tang. A herança chinesa dos poemas que Cheng estuda em seu belo ensaio sobre os haicais não surpreende e completa a transmissão da língua chinesa ao Japão que Cleyton estuda.

"Analiticamente, sempre falamos a língua do Outro", escreve o autor, evocando o dito de Lacan de que "nem todo mundo tem a sorte de falar chinês em sua própria língua": Sim. Mas o que o próprio autor nos convida a fazer, seguindo a experiência de uma psicanálise, é que, além de falar a língua do Outro, cada analisante possa encontrar sua própria *lalíngua, sua lalíngua chinesa* naquilo que diz, a partir das descontinuidades entre S1 e S2 e reversibilidades que permitam equivocar a língua que herdou do Outro. A partir daí, encontre o que faz letra, borda, litoral para isolar o que se escreve do gozo para além do que se diz, abrindo-se assim ao vazio mediano que perfura o gozo aderido à língua do Outro que o sujeito fala sem saber e, deste modo, dá lugar ao que Eric Laurent (1999) chamou alegremente de *O tao do psicanalista*. O que é o *tao do psicanalista*? Seu desejo, o resíduo de uma análise, nome lacaniano do sopro vital presente no vazio mediano propiciado pelo corte entre os significantes entre os quais encontrava-se empacado seu desejo enquanto sujeito neurótico. Por esta via, este *Tao chinês* que Cleyton Andrade nos indica seguindo Jacques Lacan nos mostra como o discurso analítico pode subverter o uso radicalmente instrumental que nossa época assumiu na atualidade, reduzindo seu valor poiético à simples transmissão de informação. O grande Martin Heidegger – vamos pôr um pouco de Alemanha no Oriente... – já fazia essa crítica em suas conferências nos anos 1950, alertando-nos contra o risco de empobrecimento do ser – do ser que é deduzido da palavra – que esta redução da linguagem implica. Heidegger manteve-se afastado da *Coisa chinesa* e pela fenomenologia aproximou-se mais do Japão, apesar de ter colocado em cena um saboroso diálogo entre dois pensadores chineses que falam da urgência do inútil. Por que a "urgência do inútil"? Como escreve em carta à sua mulher Elfriede, "O ser humano perdeu a justa relação com o inútil, ou talvez nunca a tenha alcançado. Para este mundo de rendimento e trabalho, este mundo de potência e triunfos, o inútil não consegue mais do que ser muito dificilmente aceitável, ou talvez simplesmente não possa ser aceito" (HEIDEGGER, 2006, p. 9). Transcrevo o diálogo:

> O primeiro pensador diz: "todos falam da urgência do inútil".
> O outro responde: "Uma pessoa deve ter um conhecimento da urgência do inútil, antes de se poder falar com ela do útil". Certamente a Terra é grande e vasta, no entanto, para manter-se em pé, o ser humano não precisa de mais espaço que o necessário para poder ter se erguido. Mas se do outro lado do pé abre-se uma fenda, mergulhando-o no mundo subterrâneo dos infernos, será que o lugar que ocupa para ter-se erguido ser-lhe-ia de alguma utilidade?
> O primeiro responde: "Não, já não lhe seria de nenhuma utilidade".
> O outro responde: "É ali que aparece claramente a urgente necessidade da qual se trata no inútil" (HEIDEGGER, 2006, p. 69).

Referências

ADORNO, T. O ensaio como forma. In: *Notas de literatura I*. São Paulo: Duas Cidades; Ed. 34, 2003. p. 15-45.

AGUILAR, G. *Poesia concreta brasileira: as vanguardas na encruzilhada modernista*. São Paulo: Edusp, 2005.

ALLETON, V. *Escrita chinesa*. Porto Alegre: L&PM, 2010.

APOLLINAIRE, G. *Caligramas*. Tradução de Álvaro Faleiros. Cotia: Ateliê; Brasília: UnB, 2008.

AUBERT, J. *et al. Lacan: el escrito, la imagen*. Buenos Aires: Del cifrado, 2007.

AUBERT, J. *et al. Lacan: l'écrit, l'image*. Paris: Flammarion, 2000.

BADIOU, A. L'aveu du philosophe. *Centre International d'Étude de la Philosophie Française Contemporaine*. 11 nov. 2004. Disponível em: http://ciepfc.rhapsodyk.net/article.php3?id_article=40. Acesso em: 10 maio 2012.

BARTHES, R. Da ciência à literatura. In: *O rumor da língua*. São Paulo: WMF Martins Fontes, 2004. p. 3-12.

BARTHES, R. *O império dos signos*. São Paulo: WMF Martins Fontes, 2007.

BELLASSEN, J.; WA, W. *Les idéogrammes chinois ou l'empire du sens*. Paris: You Feng, 2009.

BENVENISTE, É. *Problemas de linguística geral*. Tradução de Maria da Glória Novak e Luiza Neri. São Paulo: Edusp, 1976.

BILLETER, J. F. *Études sur Tchouang-tseu*. Paris: Allia, 2008.

BILLETER, J. F. *L'art chinois de l'écriture: essai sur la calligraphie*. Milão: Skira, 2005.

CAMPOS, A. *Linguaviagem*. São Paulo: Companhia das Letras, 1987.

CAMPOS, A.; PIGNATARI, D.; CAMPOS, H. *Mallarmé*. 4. ed. São Paulo: Perspectiva, 2010.

CAMPOS, A.; PIGNATARI, D.; CAMPOS, H. *Teoria da poesia concreta: textos críticos e manifestos 1950-1960*. 4. ed. Cotia: Ateliê, 2006.

CAMPOS, H. (Org.). *Ideograma: lógica, poesia, linguagem.* 4. ed. São Paulo: Edusp, 2000.

CAMPOS, H. *A arte no horizonte do provável.* 3. ed. São Paulo: Perspectiva, 1975.

CAMPOS, H. Aspectos da poesia concreta. In: CAMPOS, A.; PIGNATARI, D.; CAMPOS, H. *Teoria da poesia concreta: textos críticos e manifestos 1950-1960.* 4. ed. Cotia: Ateliê, 2006. p. 137-152.

CAMPOS, H. *Escrito sobre Jade: poesia clássica chinesa reimaginada por Haroldo de Campos.* Organização de Trajano Vieira. 2. ed. Cotia: Ateliê, 2009.

CARVALHO, G. *Uma antologia de poesia chinesa: do Shijing a Lu Xun.* 2. ed. Lisboa: Assírio & Alvim, 2010.

CASSIN, B. (Dir.). *Vocabulaire européen des philosophies. Dictionnaire des intraduisibles.* Paris: Seuil et Le Robert, 2004. Edição brasileira: CASSIN, B. (Coord.). SANTORO, F.; BUARQUE, L. (Org.) *Dicionário dos intraduzíveis, Vol. 1 (Línguas): um vocabulário das filosofias.* Belo Horizonte: Autêntica, 2018.

CHENG, A. (Org.). *La pensée en Chine aujourd'hui.* Paris: Gallimard, 2007. (Coleção Folio Essais.)

CHENG, A. (Org.). *Y a-t-il une philosophie chinoise? Un état de la question.* Paris: Extrême-Orient, Extrême-Occident, 2005.

CHENG, A. *História do pensamento chinês.* Petrópolis: Vozes, 2008.

CHENG, F. *Entre source et nuage: voix de poètes dans la Chine d'hier et d'Aujourd'hui.* Paris: Albin Michel, 2011.

CHENG, F. *L'écriture poétique chinoise.* Paris: Seuil, 1977.

CHENG, F. *L'écriture poétique chinoise: suivi d'une anthologie des poèmes des Tang.* Paris: Seuil, 1996.

CHENG, F. *La escritura poética china: seguido de una antología de poemas de los Tang.* Valência: Pretextos, 2007.

CHENG, F. Lacan et la pensée chinoise. In: AUBERT, J. *et al. Lacan: l'écrit, l'image.* Paris: Flammarion, 2003. p. 133-153.

CHENG, F. *Le livre du vide médian.* Paris: Albin Michel, 2009. (Coleção Espaces libres.)

CHENG, F. *Poésie chinoise.* Paris: Albin Michel, 2010. (Caligrafia de F. Verdier.)

CHENG, F. *Souffle-Esprit: textes théoriques chinois sur l'art pictural.* Paris: Seuil, 2006.

CHENG, F. *Vide et plein: le langage pictural chinois.* Paris: Seuil, 1991.

CHIA, F.-S. (Org.). *"Airs of the States" from the Shi Jing: A New Trilingual Translation of the World's Oldest Collection of Lyric Poetry.* Taipei: Bookman Book, 2008.

CHIA, F.-S. (Org.). *Returning poetry to the Shi Jing's poets: Chinese English bilingual essays and poems.* Taipei: Bookman Book, 2010.

CHIENG, A. *La pratique de la Chine.* Paris: Grasset, 2006.

CONFÚCIO. *Os Analectos*. São Paulo: Unesp, 2012.

CORNAZ, L.; MARCHAISSE, T. *L'indifférence à la psychanalyse: sagesse du lettré chinois, désir du psychanalyste*. Paris: Presses Universitaires de France, 2004.

CUMMINGS, E. E. *Poem(a)s*. 2. ed. São Paulo: Unicamp, 2011.

DEMIÉVILLE, P. *Anthologie de la poésie chinoise classique*. Paris: Gallimard, 2010.

EIDELBERG, A. Poética. In: *Scilicet: a ordem simbólica no século XXI*. Belo Horizonte: Scriptum, 2011. p. 297-299.

EISENSTEIN, S. O princípio cinematográfico e o ideograma. In: CAMPOS, H. (Org.). *Ideograma: lógica, poesia, linguagem*. 4. ed. São Paulo: Edusp, 2000. p. 149-166.

FENG, Y.; BONVICINO, R. (Orgs.). *Um barco remenda o mar: dez poetas chineses contemporâneos*. São Paulo: WMF Martins Fontes, 2007.

FENOLLOSA, E.; POUND, E. *El carácter de la escritura china como medio poético*. 2. ed. Madrid: Visor Libros, 2001.

FENOLLOSA, E.; POUND, E. *The Chinese Written Character as a Medium for Poetry: A Critical Edition*. New York: Fordham University Press, 2008.

FÉVRIER, J. *Histoire de l'écriture*. Paris: Payot, 1984.

FLECHER, G. *Coquille pour cause: à propos d'une coquille dans l'édition du séminaire XVIII*. Disponível em: https://bit.ly/3HfHXBu. Acesso em: 26 out. 2012.

FLECHER, G. *Du chinois aux nœuds* [on-line]. [Paris]: Lacan Chine, jun. 2006. Disponível em: https://bit.ly/447gyva. Acesso em: 25 out. 2012.

FLECHER, G. *Introduction au dialogue de Lacan avec Mencius* [on-line]. [Paris]: Lacan Chine, fev. 2008. Disponível em: https://bit.ly/3Ld17ce. Acesso em: 25 out. 2012.

FLECHER, G. *Plus de Chine*. [2009]. Disponível em: https://bit.ly/40BXS3L. Acesso em: 25 out. 2012.

FONSECA, C. A. Sânscrito: caminhos poéticos em terrenos retóricos. *Letras Clássicas*, n. 4, p. 11-31, 2000.

FOSTER, V. *Pintura china: técnicas de pincel chino para artistas principiantes y avanzados*. Barcelona: Evergreen, 2006.

FOUCAULT, M. Qu'est-ce qu'un auteur? In: *Dits et écrits*. Paris: Gallimard, 1994. v. 1.

FUNDACIÓN CASA DEL CAMPO FREUDIANO. *Referencias en la obra de Lacan*, n. 35-36. Buenos Aires: Factoria Sur, 2008. v. 17.

GIRAUD, D. (Org.). *Les yeux du dragon: petits poèmes chinois*. L'Isle sur la Sorgue: Le Bois d'Orion, 1993.

GRANET, M. *La religion des chinois*. Paris: Albin Michel, 2010.

GRANET, M. *O pensamento chinês*. Rio de Janeiro: Contraponto, 2008.

GUILLERMAZ, P. *La póesie chinoise: des origines á la révolution*. Verviers: Gérard & Co., 1966.

HEIDEGGER, M. *La dévastation et l'attente: entretien sur le chemin de campagne*. Paris: Gallimard, 2006.

HINTON, D. (Ed.). *Classical chinese poetry: An Anthology*. New York: Farrar, Straus e Giroux, 2008.

JAKOBSON, R. *Linguística e comunicação*. São Paulo: Cultrix, 2008.

JAKOBSON, R. *Linguística, poética, cinema*. São Paulo: Perspectivas, 1970.

JAKOBSON, R. *Seis lições sobre o som e o sentido*. São Paulo: WMF Martins Fontes, 1977.

JULLIEN, F. *Fundar a moral: diálogo de Mêncio com um filósofo das luzes*. São Paulo: Discurso Editorial, 2001.

JULLIEN, F. *La grande image n'a pas de forme: à partir des arts de peindre de la Chine ancienne*. Paris: Seuil, 2009.

JULLIEN, F. *La valeur allusive*. Paris: PUF Quadrige, 2003.

JULLIEN, F. *Le nu impossible*. Paris: Seuil, 2005.

JULLIEN, F. *Si parler va sans dire: du logos et d'autres ressources*. Paris: Seuil, 2006.

JULLIEN, F. *Tratado da eficácia*. São Paulo: Ed. 34, 1998.

JULLIEN, F. *Um sábio não tem ideia*. São Paulo: WMF Martins Fontes, 2000.

LACAN, J. *...ou pior: seminário 1971-1972*. Rio de Janeiro: Zahar, 2012.

LACAN, J. A terceira. *Opção Lacaniana*, n. 62, p. 11-34, dez. 2011.

LACAN, J. Conferência em Genebra sobre o sintoma. *Opção Lacaniana*, n. 23, p. 6-16, dez. 1998a.

LACAN, J. *El seminario libro 25: El momento de concluir (1977-1978)*. (Inédito.)

LACAN, J. *Escritos*. Rio de Janeiro: Jorge Zahar, 1998b.

LACAN, J. *Le séminaire livre 18: D'un discours qui ne serait pas du semblant*. Paris: Seuil, 2007a.

LACAN, J. *O seminário livro 7: a ética da psicanálise*. 2. ed. Rio de Janeiro: Jorge Zahar, 1991.

LACAN, J. *O seminário livro 9: a identificação*. Recife: Centro de Estudos Freudianos do Recife, 2003a. (Inédito.)

LACAN, J. *O seminário livro 16: de um Outro ao outro*. Rio de Janeiro: Jorge Zahar, 2008.

LACAN, J. *O seminário livro 18: de um discurso que não fosse semblante*. Rio de Janeiro: Jorge Zahar, 2009.

LACAN, J. *O seminário livro 20: mais, ainda*. 2. ed. Rio de Janeiro: Jorge Zahar, 1985.

LACAN, J. *O seminário livro 23: o sinthoma*. Rio de Janeiro: Jorge Zahar, 2007b.

LACAN, J. *O seminário livro 24: L'insu que sait de l'une-bévue s'aile à mourre (1976-1977)*. (Inédito.)

LACAN, J. *Outros escritos*. Rio de Janeiro: Jorge Zahar, 2003b. (Campo Freudiano no Brasil.)

LACAN, J. Rumo a um significante novo. *Opção Lacaniana*, n. 22, p. 6-15, ago. 1998c.

LANSELLE, R. Écriture ou langue graphique? In: LE CERCLE FREUDIEN. *La langue, comment ça va? Langue et psychanalyse*. Paris: Elema, 2007. p. 123-154.

LAOZI. *Dao De Jing*. São Paulo: Hedra, 2007.

LAURENT, E. La lettre volée et le vol sur la lettre. Les paradigmes de la jouissance. *La Cause freudienne*, n. 43, p. 22, 1999.

LE CERCLE FREUDIEN. *La langue, comment ça va? Langue et psychanalyse*. Paris: Elema, 2007.

MALLARMÉ, S. *Divagações*. Tradução de Fernando Scheibe. Florianópolis: Ed. da UFSC, 2010.

MEIRELES, C. (Org.). *Poemas chineses: Li Po, Tu Fu*. Rio de Janeiro: Nova Fronteira, 1996.

MICHAUX, H. *Ideogramas na China*. Lisboa: Cotovia, 1999. (Série Oriental.)

MILLER, J.-A. Ler um sintoma. *Afreudite*, v. 7, n. 13-14, p. 1-30, 2011. Disponível em: https://bit.ly/3L6Nds5. Acesso em: 13 jun. 2012.

MILNER, J.-C. *A obra clara: Lacan, a ciência, a filosofia*. Tradução de P. Abreu. Porto Alegre: Artes Médicas, 1996.

MILNER, J.-C. *El périplo estructural: figuras y paradigma*. Bueno Aires: Amorrortu, 2003.

MILNER, J.-C. *O amor da língua*. Rio de Janeiro: Jorge Zahar, 1987.

MIRIBEL, J.; VANDERMEERSCH, L. *Sagasse chinoise: une autre culture*. Paris: Poche-le pommier!, 2010.

NAKAGAWA, H. *Introdução à cultura japonesa: ensaio de antropologia recíproca*. São Paulo: WMF Martins Fontes, 2008. (Coleção Tópicos Martins.)

OGASAWARA, S. L'instance de la lettre dans l'inconscient japonais. *Ornicar? Digital*, n. 67, jan. 1999. Disponível em: https://bit.ly/3L7kIKP. Acesso em: 15 mar. 2012.

OGASAWARA, S. Le japonais est-il inanalysable? *La lettre mensuelle*. Paris: École de la Cause Freudienne, n. 145, p. 25-26, 1996.

OGASAWARA, S. O japonês é inanalisável? *Correio*. Belo Horizonte: Escola Brasileira de Psicanálise, n. 18/19, p. 64-69, 1998.

PERRONE-MOISÉS, L. *Altas literaturas: escolha e valor na obra crítica de escritores modernos*. São Paulo: Companhia das Letras, 1998.

PERRONE-MOISÉS, L. *Texto, crítica, escritura*. 3. ed. São Paulo: WMF Martins Fontes, 2005. (Coleção leitura e crítica.)

PIETROFORTE, A. V. *O discurso da poesia concreta: uma abordagem* semiótica. São Paulo: Annablume; FAPESP, 2011. (Coleção Língua, Discurso e Literatura.)

PINGUET, M. *Le texte Japon: introuvables et inédits, réunis et présentés par Michaël Ferrier*. Paris: Seuil, 2009.

PORRET, P. *La Chine de la psychanalyse*. Paris: Campagne Première, 2008.

POUND, E. *A arte da poesia: ensaios escolhidos*. São Paulo: Cultrix; Edusp, 1976.

POUND, E. *ABC da literatura*. 11. ed. São Paulo: Cultrix, 2006a.

POUND, E. *Os cantos*. Rio de Janeiro: Nova Fronteira, 2006b.

ROCH, M.-H. *Le livre XVIII et la pensée chinoise*. In : Du littoral en psychanalyse Une lecture de Lituraterre [on-line]. Disponível em: https://bit.ly/3Nb4wLr. Acesso em: 7 jan. 2013.

ROSA, M. *Fernando Pessoa e Jacques Lacan: constelações, letra e livro*. Belo Horizonte: Scriptum, 2011.

ROUDINESCO, E. *Jacques Lacan: esboço de uma vida, história de um sistema de pensamento*. São Paulo: Companhia das Letras, 1994.

SABLÉ, E. *Les grands maîtres de la poésie bouddhiste chinoise*. Paris: Dervy, 2007.

SAKURAI, C. *Os japoneses*. São Paulo: Contexto, 2007.

SAMPSON, G. *Sistema de escrita: tipologia, história e psicologia*. São Paulo: Ática, 1996.

SCHERRER, F. *Le signe, la métaphore et le symptôme*. Disponível em: https://bit.ly/3LvtOCv. Acesso em: 26 out. 2012.

SIZARET, G. L'identification. In: *À propos de ce qu'il y a de chinois dans les séminaires de Lacan* [on-line]. [Paris]: Lacan Chine, dez. 1961. Disponível em: https://bit.ly/3oHSkHU. Acesso em: 22 out. 2012.

SKRIABINE, P. Quelques remarques sur la psychanalyse et le Japon. *La lettre mensuelle*, Paris, École de la Cause Freudienne, n. 91, p. 21-25, 1990.

STAROBINSKI, J. *As palavras sob as palavras: os anagramas de Ferdinand de Saussure*. São Paulo: Perspectiva, 1974.

TODOROV, T. *Teorias do símbolo*. Campinas: Papirus, 1996.

TREVISAN, C. *Os chineses*. São Paulo: Contexto, 2009.

TSÉ-TUNG, M. *Sobre a prática e a contradição*. Rio de Janeiro: Jorge Zahar, 2008.

XIAOQUAN, C. Identité de la langue, identité de la Chine. In: CHENG, A. (Org.). *La pensée em Chine aujourd'hui*. Paris: Gallimard, 2007. p. 270-299. (Coleção Folio Essais.)

YUTANG, L. *Misticismo chinês e poesia chinesa*. Rio de Janeiro: Edições de Ouro, 1966. (Coleção a sabedoria da China e da Índia.)

Este livro foi composto com tipografia Adobe Garamond Pro e
impresso em papel Off-White 80 g/m² na Formato Artes Gráficas.